# 九华立春祭

**总主编 金兴盛**

浙江省非物质文化遗产代表作丛书

浙江摄影出版社

余仁洪　汪筱联　编著

# 总 序

中共浙江省委书记
省人大常委会主任　夏宝龙

　　非物质文化遗产是人类历史文明的宝贵记忆，是民族精神文化的显著标识，也是人民群众非凡创造力的重要结晶。保护和传承好非物质文化遗产，对于建设中华民族共同的精神家园、继承和弘扬中华民族优秀传统文化、实现人类文明延续具有重要意义。

　　浙江作为华夏文明发祥地之一，人杰地灵，人文荟萃，创造了悠久璀璨的历史文化，既有珍贵的物质文化遗产，也有同样值得珍视的非物质文化遗产。她们博大精深，丰富多彩，形式多样，蔚为壮观，千百年来薪火相传，生生不息。这些非物质文化遗产是浙江源远流长的优秀历史文化的积淀，是浙江人民引以自豪的宝贵文化财富，彰显了浙江地域文化、精神内涵和道德传统，在中华优秀历史文明中熠熠生辉。

　　人民创造非物质文化遗产，非物质文化遗产属于人民。为传承我们的文化血脉，维护共有的精神家园，造福子孙后代，我们有责任进一步保护好、传承好、弘扬好非物质文化遗产。这不仅是一种文化自觉，是对人民文化创造者的尊重，更是我们必须担当和完成好的历史使命。对我省列入国家级非物质文化遗产保护名录的项目一项一册，编纂"浙江省非物质文化遗产代表作丛书"，就是履行保护传承使命的具体实践，功在当代，惠及后世，有利于群众了解过去，以史为鉴，对优秀传统文化更加自珍、自爱、自觉；有利于我们面向未来，砥砺勇气，以自强不息的精神，加快富民强省的步伐。

党的十七届六中全会指出，要建设优秀传统文化传承体系，维护民族文化基本元素，抓好非物质文化遗产保护传承，共同弘扬中华优秀传统文化，建设中华民族共有的精神家园。这为非物质文化遗产保护工作指明了方向。我们要按照"保护为主、抢救第一、合理利用、传承发展"的方针，继续推动浙江非物质文化遗产保护事业，与社会各方共同努力，传承好、弘扬好我省非物质文化遗产，为增强浙江文化软实力、推动浙江文化大发展大繁荣作出贡献！

（本序是夏宝龙同志任浙江省人民政府省长时所作）

# 前 言

浙江省文化厅厅长 金兴盛

要了解一方水土的过去和现在，了解一方水土的内涵和特色，就要去了解、体验和感受它的非物质文化遗产。阅读当地的非物质文化遗产，有如翻开这方水土的历史长卷，步入这方水土的文化长廊，领略这方水土厚重的文化积淀，感受这方水土独特的文化魅力。

在绵延成千上万年的历史长河中，浙江人民创造出了具有鲜明地方特色和深厚人文积淀的地域文化，造就了丰富多彩、形式多样、斑斓多姿的非物质文化遗产。

在国务院公布的四批国家级非物质文化遗产名录中，浙江省入选项目共计217项。这些国家级非物质文化遗产项目，凝聚着劳动人民的聪明才智，寄托着劳动人民的情感追求，体现了劳动人民在长期生产生活实践中的文化创造，堪称浙江传统文化的结晶，中华文化的瑰宝。

在新入选国家级非物质文化遗产名录的项目中，每一项都有着重要的历史、文化、科学价值，有着典型性、代表性：

德清防风传说、临安钱王传说、杭州苏东坡传说、绍兴王羲之传说等民间文学，演绎了中华民族对于人世间真善美的理想和追求，流传广远，动人心魄，具有永恒的价值和魅力。

泰顺畲族民歌、象山渔民号子、平阳东岳观道教音乐等传统音乐，永康鼓词、象山唱新闻、杭州市苏州弹词、平阳县温州鼓词等曲艺，乡情乡音，经久难衰，散发着浓郁的故土芬芳。

泰顺碇步龙、开化香火草龙、玉环坎门花龙、瑞安藤牌舞等传统舞蹈，五常十八般武艺、缙云迎罗汉、嘉兴南湖掼牛、桐乡高杆船技等传统体育与杂技，欢腾喧闹，风貌独特，焕发着民间文化的活力和光彩。

永康醒感戏、淳安三角戏、泰顺提线木偶戏等传统戏剧，见证了浙江传统戏剧源远流长，推陈出新，缤纷优美，摇曳多姿。

越窑青瓷烧制技艺、嘉兴五芳斋粽子制作技艺、杭州雕版印刷技艺、湖州南浔辑里湖丝手工制作技艺等传统技艺，嘉兴灶头画、宁波金银彩绣、宁波泥金彩漆等传统美术，传承有序，技艺精湛，尽显浙江"百工之乡"的聪明才智，是享誉海内外的文化名片。

杭州朱养心传统膏药制作技艺、富阳张氏骨伤疗法、台州章氏骨伤疗法等传统医药，悬壶济世，利泽生民。

缙云轩辕祭典、衢州南孔祭典、遂昌班春劝农、永康方岩庙会、蒋村龙舟胜会、江南网船会等民俗，彰显民族精神，延续华夏之魂。

我省入选国家级非物质文化遗产名录项目，获得"四连冠"。这不仅是我省的荣誉，更是对我省未来非遗保护工作的一种鞭策，意味着今后我省的非遗保护任务更加繁重艰巨。

重申报更要重保护。我省实施国遗项目"八个一"保护措施，探索落地保护方式，同时加大非遗薪传力度，扩大传播途径。编撰浙江非遗代表作丛书，是其中一项重要措施。省文化厅、省财政厅决定将我省列入国家级非物质文化遗产名录的项目，一项一册编纂成书，系列出版，持续不断地推出。

这套丛书定位为普及性读物，着重反映非物质文化遗产项目的历史渊源、表现形式、代表人物、典型作品、文化价值、艺术特征和民俗风情等，发掘非遗项目的文化内涵，彰显非遗的魅力与特色。这套丛书，力求以图文并茂、通俗易懂、深入浅出的方式，把"非遗故事"讲述得再精彩些、生动些、浅显些，让读者朋友阅读更愉悦些、理解更通透些、记忆更深刻些。这套丛书，反映了浙江现有国家级非遗项目的全貌，也为浙江文化宝库增添了独特的财富。

在中华五千年的文明史上，传统文化就像一位永不疲倦的精神纤夫，牵引着历史航船破浪前行。非物质文化遗产中的某些文化因子，在今天或许已经成了明日黄花，但必定有许多文化因子具有着超越时空的生命力，直到今天仍然是我们推进历史发展的精神动力。

省委夏宝龙书记为本丛书撰写"总序"，序文的字里行间浸透着对祖国历史的珍惜，强烈的历史感和拳拳之心。他指出："我们有责任进一步保护好、传承好、弘扬好非物质文化遗产。这不仅是一种文化自觉，是对人民文化创造者的尊重，更是我们必须担当和完成好的历史使命。"言之切切的强调语气跃然纸上，见出作者对这一论断的格外执着。

非遗是活态传承的文化，我们不仅要从浙江优秀的传统文化中汲取营养，更在于对传统文化富于创意的弘扬。

非遗是生活的文化，我们不仅要保护好非物质文化表现形式，更重要的是推进非物质文化遗产融入愈加斑斓的今天，融入高歌猛进的时代。

这套丛书的叙述和阐释只是读者达到彼岸的桥梁，而它们本身并不是彼岸。我们希望更多的读者通过读书，亲近非遗，了解非遗，体验非遗，感受非遗，共享非遗。

2015年12月20日

# 目录

序言 // PREFACE

柯城区坐落在钱塘江南源，谓之浙西大门，四省通衢，置建于1985年7月，与衢州设地级市时间相同。虽说年轻，但历史悠久，邻地发现的古建德人牙齿化石说明，五六万年前就有智人生活在这一带。西汉有柴宏将军屯兵峥嵘岭（今府山），东汉初平三年（192），析太末县置新安县。新安县县治在峥嵘岭，吴赤乌三年（240），开始建城郭、起谯楼。晋太康元年（280），为避与弘农郡（今河南境内）的新安县重名而改名信安县。陈永定三年（559），置信安郡。唐武德四年（621），立衢州。唐咸通年间（860—874），改信安县为西安县。1912年，西安县改名衢县。1985年，拆分衢县置柯城区和衢江区。柯城之地是历代都、州、府、路、道、署驻地，1949年至1955年为衢州专员公署治所。

在漫长的历史征程中，属地居民培育和创造出丰富的物产，从出土的西周等朝代的文物可知，瓷器业、刻书业、制铜镜业、冶炼业、航运业驰誉四海，麻、茶、橘成为明清贡品，为今日柯城成为工业新城、柑橘之乡、交通枢纽奠定了坚实基础。他们还创造出灿烂的历史文化，给世人留下衢州宋代城墙、三怪遗址、天后宫、药王庙、周王庙、石室堰、小九华、白云庵、天宁寺、蓝氏宗祠、骏惠堂、都御使牌坊等极具人文内涵的古建筑。尤其是一城三孔庙（孔氏南宗家庙、府文庙、县文庙）、城西江岸三古塔［梁天监年间（502—

519)建的天王塔、明万历年间(1573—1619)建的铁塔与铜塔],更为全国罕见。

民众创造并传承着丰厚的文化宝藏,包括诸多非物质文化遗产,如衢州南孔祭典、衢州白瓷手工技艺、邵永丰麻饼手工技艺、烂柯山王质遇仙的传说、衢州三怪故事、余家山头女儿节、剪纸、竹编等。

在五彩缤纷的民俗园林中,作为民间风俗的九华立春祭是株艳丽的奇葩。它的久传不衰,得益于全国独一无二的古建筑梧桐祖殿,此殿为立春祭的纵向传承和横向传递提供固定的场所。九华立春祭有幸进入国家级非物质文化遗产名录的行列,关于它的著作又列入"浙江省非物质文化遗产代表作丛书"出版计划。借此东风,我们深入调研、引经据典、考辨修改,较为全面系统地梳理九华立春祭的渊源、经历、内涵与外延,不仅使祭春有个完整的形象,又繁荣丰富地域文化,为文化强区、加快建设文化强省添砖加瓦,让这一国家级非物质文化遗产在民间薪火相传,从而激发民众热爱本土文化、守护精神家园、弘扬优良传统,形成新的凝聚力、创造力,为加快柯城经济社会发展提供强大动力。

衢州市柯城区人民政府区长　徐延山

2015年11月

立春

# 一、概述

在浙江省衢州市柯城区九华乡的灵鹫山梧桐峰下，有一个因有梧桐祖殿而闻名全国的村落，这就是外陈自然村。九华立春祭是以梧桐祖殿为载体的二十四节气祭祀民俗活动。

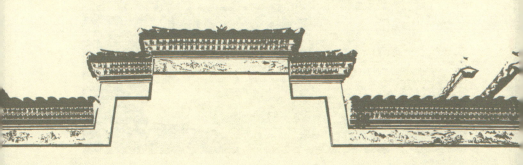

# 一、概述

## [壹]九华的地理、人文环境

### 1. 东南形胜，古邑柯城

衢州是国家历史文化名城，地处浙江西部的钱江源头，为浙、闽、赣、皖四省辐辏。"吾族东南美，人贤地益灵。"文化内涵丰富，积淀深厚。柯城区是名城的中心区域，其地貌以低山、丘陵为主，北依千里岗，南临仙霞岭，中部处金衢盆地西缘，山地和盆地之间为低矮的丘陵和岗地，形成自盆地向两侧渐次增高的阶梯地形特征。

衢州市柯城区

衢州烂柯山

境内地势，南北高，中间低，呈西南向东北倾斜，渐趋张开。南北部山峰突起，层峦叠嶂，中间夹抱衢江，形成狭长的盆地河谷平原。山脉分南北两系。北系以千里岗为主体，是浙西山地的组成部分，千米以上山峰74座，柯城区境内有40余座。南系仙霞岭余脉为低山丘陵，天苍岭、烂柯山、九龙山等低山环围；西南为怀玉山余脉乌石山、凤凰山等。

　　衢州春夏季节雨量特别充沛，夏秋干燥之际太平洋上频频光顾的台风给这里送来了雨水和清凉，而强风的破坏力又被阻挡在南面的仙霞山脉之外，使得衢州的年平均降水量达1500—2300毫米，高于全省年平均980—2000毫米的降水量。浙江全省年平均降水量大于2000毫米的6个高值区（四明山、雁荡山、乌溪江、江山港、千里岗、开化与江西交界地区），衢州就占了4个。而全省年平均降水量小于1400毫米的7个低值区则无一与衢州沾边。不仅如此，衢州四围高山植被丰茂，流域面积广，地下水资源十分丰富，在全市近100亿立

衢州市柯城区九华乡

方米的水资源年总量中，地下水资源占到五分之一，而且盆地的地下水蓄水作用优于山区和江南其他平原地区，使得衢州在最严重的干旱下仍有比其他地方更多的抗旱资源。衢州古城中的几十口水井，即使在最干旱的季节，也从未见干涸过。独特的地理环境和气候

条件给柯城区农业的发展提供了有利的条件，促成了崇耕重农的传统，自然也促成了民众对能给农业的丰收带来风调雨顺的春神句（gōu）芒的敬畏与崇拜。

### 2. 佛教圣地，灵秀九华

九华乡位于柯城区的西北部，而其地名的由来则源于佛教圣地九华灵鹫山。九华灵鹫山属黄山山脉千里岗山系支脉、金衢盆地西北边缘山地，山势巍峨壮丽，逶迤百里，层峦起伏。

灵鹫山由九峰组成，分别是中脉"杨花峰"（海拔1110米）、"天台峰"（海拔879米）、"紫荆峰"（海拔380米），南脉"梧桐峰"（海拔1091米）、"百丹峰"（海拔1031米，亦名玉泉山）、"青桐峰"（海拔976米，亦名大考山），西北脉"大猴峰"（九华山）、"蛟池峰"、"清凉峰"（海拔987米）。九峰中杨花峰最高，紫荆峰最低。

灵鹫山自唐代起就建有灵鹫寺，明代在大猴岭寺院中建地藏王殿，清代时期寺

九华灵鹫山

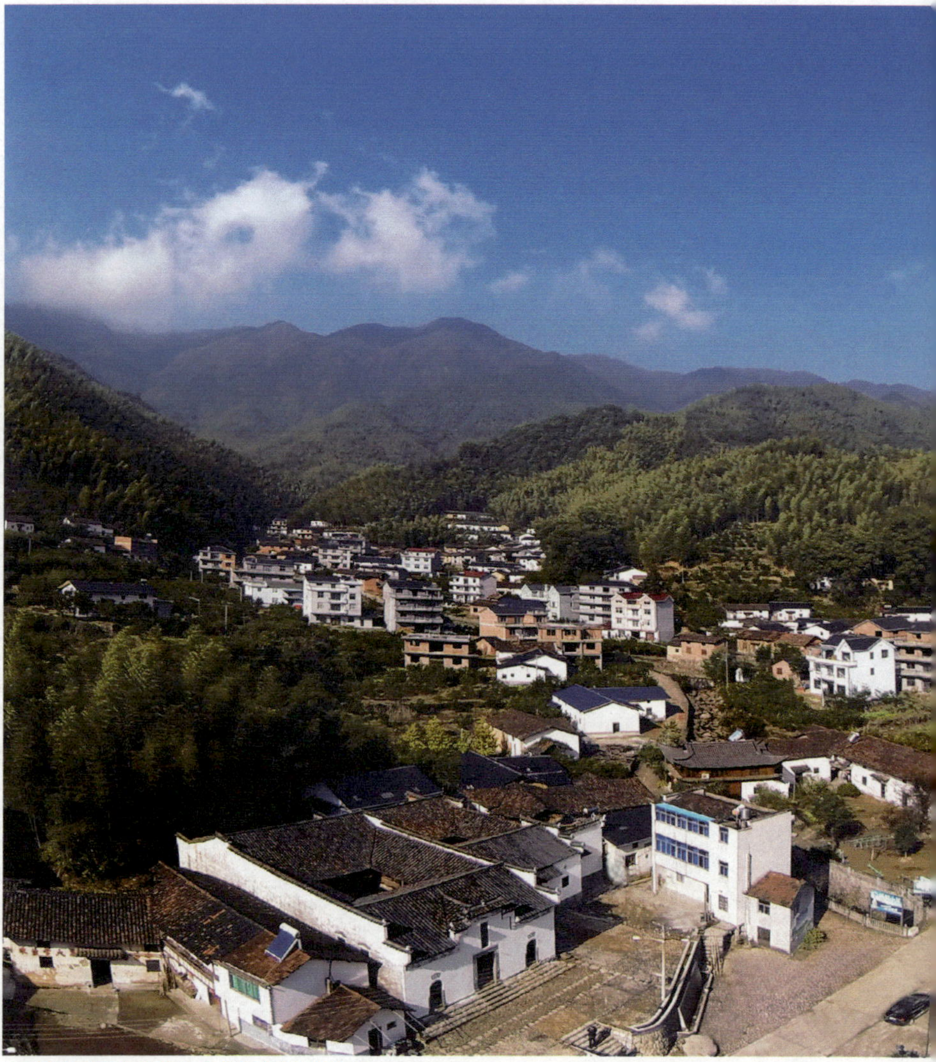

衢州市柯城区九华乡妙源村外陈自然村全貌

庙不断扩建，形成上、下寺院建筑群。在灵鹫寺西麓建造"鹫岭寺"，与灵鹫寺东麓的"龙源寺"相对，香火盛极一时。因地藏王殿供奉安徽九华山地藏王菩萨，故灵鹫山又有"小九华山"之称，为衢州佛教名山胜地。

灵鹫山还是佛、道、儒三教聚集之地。名山藏古寺，灵鹫山更是古寺林立，各峰都建有寺院及道观。大猴峰麓建有"灵鹫庵"和"中华庵"；天台峰上建有"双仙观"、"襄衣庙"和"天台寺"；百丹峰建有"玉泉寺"；青桐峰上建有"转轮禅寺"；紫荆峰麓建有"龙源寺"、"鲁阜三圣祠"和"鲁班殿"；梧桐峰下有"梧桐祖殿"、"红英寺"、"花坞寺"和"三皇殿"，等等。

山隐寺庙，晨钟悠扬，暮鼓雄浑，梵音低回，万壑共鸣。山上苍松蔽日，修竹茂林。衢州先贤徐映璞撰文、余绍宋作序的《浙江灵鹫山志》称，灵鹫山"为两浙山川生色"。清代曾留下"灵谷松声"、"天台晓日"、"横岭白云"、"夜寺钟声"、"沿溪鸟语"、"莲池鱼影"、"茶坡冬绿"、"桃坞春红"、"蛟池青骢"、"圣山夕照"十大名胜。灵鹫山万绿丛中藏古寺,泉水叮咚映峭幽,成为衢州有名的避暑游览胜地。

### 3. 句芒驻地,神韵外陈

九华灵鹫山梧桐峰下有一座因有梧桐祖殿而闻名全国的村落,

外陈自然村的农家乐

这就是外陈自然村。外陈村原先是一个行政村，2013年，外陈村和寺坞村合并成一个行政村妙源村。故外陈村现为妙源村的一个自然村。从千里岗山脉杨花峰发源的庙源溪，从周公山流经坞口，进入外陈自然村。在村口溪旁的台地上，建有梧桐祖殿神庙。这里是当地民众祭祀春神句芒的庙堂，也是岁时节令民众举行活动的场所。

妙源村，东抵新宅村梓绥山，西倚七里乡高峰，南临茶铺村，北

梧桐祖殿外景

接坞口村，是一个山清水秀、人杰地灵、民风淳朴、文化底蕴深厚的小山村。梧桐祖殿历史悠久，风格古朴；文化礼堂内涵丰富，集民乐、培训、展示、节事等为一体，是妙源村的文化中心；国家级非物质文化遗产"九华立春祭"每年的祭春活动，仪式古俗，四邻齐聚，人们一直沿承着崇农和尊老的思想。

近年来，妙源村立足本村实际，充分发挥地理环境的优势，积极探索适合于本村的发展模式，改革固有的"农家乐"，大力发展优化乡村休闲旅游，引导村民发家致富。打造自己的产业品牌及特色文化，搭建游客"愿意来、看得见、玩得起、吃得好、想住下、带得走、

梧桐祖殿内景

想再来"的旅游构架。

在整个发展建设过程中，妙源人团结一致，艰苦奋斗，开拓思维，解放思想，用科学的发展理念，充分融合本村的民俗文化、历史人文、山川风情，依托青山绿水，努力打造具有自身特色的乡村休闲旅游业，为九华乡的新农村建设起到了很好的示范辐射作用。

### 4. 立春祭祀，千载传承

我国民俗文化中有祭祀、禁忌、祈祷、择吉、祝福、征兆等民间信俗的忌宜事项，也有在民间生产、生活等过程中形成的习惯与风俗，这些都寄托了人们的美好愿望。衢州九华立春祭祀，其代代传承的民俗文化形式和载体都是独一无二的。位于衢州市柯城区九华乡妙源村外陈自然村的梧桐祖殿，是我国唯一的供奉春神句芒的神庙。

立春祭祀在全国范围内不止外陈自然村有，但为什么专为祭祀春神句芒的梧桐祖殿在外陈自然村能保留至今呢？这不仅与这里有淳朴的民风以及钟灵毓秀的生态环境有关，还与衢州历代都崇耕重农因而对春神特别敬畏与崇拜不无关联。

自唐代颁布历书（民间称之"皇历"），将二十四节气等天气物候与农耕文明相关的内容用文字形式传播以来，民间就开始了相应

2012年九华立春祭

的民俗活动。立春和二十四节气的文字记载以及民俗活动至少已有一千二百多年历史，这是我们祖先留传下来的文化遗产，同时也是全人类的文化遗产。衢州九华立春祭是这些民俗活动中最主要的、具有独特意义的一项活动，并以立春祭祀为契机，带动了二十四节气中其他节气的民俗活动。

## [贰]九华立春祭的历史渊源

早在春秋战国时期，华夏大地民间就有了日南至、日北至的概念。之后，人们根据月、日运行位置和天气、动植物生长及潮汐等自然现象之间的关系和变化，把一年平分为二十四等份，并且给每个等份取了专有名称，这就是二十四节气。

《吕氏春秋》"十二月纪"中有立春、春分、立夏、夏至、立秋、秋分、立冬、冬至这八个节气名称。这八个节气，是二十四节气中最重要的节气，标示出季节的转换，清楚划分出一年的四季。西汉刘安《淮南子》中有"天有四时"、"今霜降而树谷"等节气名称的记载。从考古中发现的出土文物也经考证得知，我国在西汉时期就已经采用节气来注历了。西汉著作《周髀算经》中有八节二十四节气的记载。自古以来，华夏大地农业发达，由于农业和气候之间的关系密切，广大农耕地区积累了有关农时与季节变化关系的丰富经验以及民俗节庆等文化积淀。

唐永贞元年（805），唐顺宗李诵颁布历书，将二十四节气等天

2013年九华立春祭

气物候与农耕文明相关的内容用文字形式传播。二十四节气的制定，综合了天文学、气象学以及农作物生长特点等方面的知识，通过历书传承，比较正确地反映了一年中季节物候特征和变化，深受广大农村地区民众喜爱，从唐代一直流传至今。

二十四节气中的第一个节令是"立春"。立春是农耕文明时代重要的国家节日之一。在封建时代，上至皇帝，下至各级官员和平民百姓，都有春神崇拜情结，在立春日会参与"迎春接福"这项立春祭祀民俗活动。

农历立春日为祭祀日，活动内容主要有：祭拜春神句芒、迎春接福祈求五谷丰登、供祭品、扮芒神、焚香迎奉、扎春牛、演戏酬神、插春、踏春等。

衢州九华立春祭是以梧桐祖殿为载体的二十四节气祭祀民俗活动，体现了立春和二十四节气的科学性和人类自然生态观，体现了人类与自然浑然一体的和谐性，体现了华夏农耕文明的博大精深。

立春

## 二、九华立春祭仪式

九华立春祭与国内其他地域的立春祭相比，虽然在表达人们对风调雨顺、五谷丰登、财物丰盛等愿望上有共性，但其代代传承的民俗文化形式和祭祀载体梧桐祖殿在国内乃至全世界都是独一无二的。

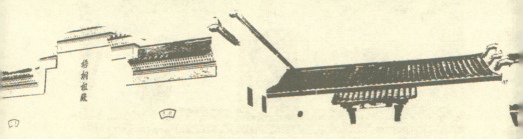

# 二、九华立春祭仪式

## [壹]梧桐祖殿简介

### 1. 建筑特点

　　九华立春祭的载体梧桐祖殿，位于衢州市柯城区九华乡妙源村外陈自然村梧桐峰东麓下的台地上，是为祭祀春神句芒而建。这座古殿因建于九华山梧桐峰，故得名"梧桐祖殿"。据该殿碑文记载，

梧桐祖殿正面

主梁上的飞龙

此建筑建于清代，民国22年（1933）重修。

梧桐祖殿分前殿、主殿、东配殿和西配殿，面积七百余平方米。前殿有一座近百平方米的大戏台。主殿为后桁架结构，现存面积五百平方米，属清代建筑；主梁上绘有春神驾驭的两条飞龙；二进二明堂；大门门券顶有石匾额，上有"梧桐祖殿"四字。进入大门即前殿，木雕，以十字花纹为主，间有人物禽兽、树石、风景。前殿面阔三间，进深九檩硬山顶，两侧屋顶稍矮，前殿通往正殿为两庑包厢（二楼）组成二厢房，贴附于次间屋顶之侧，主殿内斗拱、雀替、托脚等多雕花，细碎繁缛，绽兰描彩，台口梁雕梅雀图、云水纹，配戏曲刀马人物故事。为扩大视线，主殿采用大跨檐口梁，檐口柱位悬吊

梧桐祖殿内景

荷叶托花篮造型，柱上雕龙首。主殿二十二柱落地，前殿二十二柱落地，粗柱胖冬瓜梁。

　　梧桐祖殿中供奉的是春神句芒。每逢立春，九华乡妙源村外陈自然村都会举办梧桐祖殿祭春神句芒的庙会，如踏春、插春、鞭春牛等。人们用最朴素的方式来迎接春天的到来，期盼新的一年风调雨顺、吉祥如意。

**2. 梧桐祖殿春神及属神**

　　梧桐祖殿中主供春神句芒，两侧有祭祀民俗中春神的属神，北面供奉风伯、雨师、雷公、电母四神像，南面供奉地方保护神四大灵公。

四大灵公

四大灵公是尉灵公（唐·尉迟恭）、蔡灵公（宋·蔡伦）、杨灵公（唐·杨炯）和茅灵公（唐·茅瑞），他们是衢州当地民间的保护神。

**（1）春神句芒**

先秦古籍《山海经》中有"东方句芒，鸟身人面，乘两龙"的记载。句芒是少昊的后代，名"重"，为伏羲臣。死后成为古代汉族神话中的木神（即春神），主管树木的发芽生长。太阳每天早上从扶桑上升起，神树扶桑和太阳升起的那片地方都归句芒管。句芒在古代非常重要，人们每年立春都要祭祀他。现在在祭祀仪式和年画中可以见到，句芒的形象变成了春天骑牛的牧童，头有双髻，手执柳鞭，亦称芒童。

春神句芒像

## (2) 风伯

我国古代汉族神话中的风伯，其实就是风神，也称作风师、飞廉、箕伯等。道教认为风伯是一个白发老人，左手执轮，右手执扇，作扇轮子状，称风伯方天君。风伯之职，就是"掌八风消息，通五运之气候"。风是气候的主要因素，事关济时育物。《风俗通义》的《祀典》称，风伯"鼓之以雷霆，润之以风雨，养成万物，有功于人。王者祀以报功也"。唐代以后，因风伯的主要职能是配合雷公、雨师帮助万物生长，所以受到历代君主的虔诚祭祀。然而，风伯也常以飓风过境毁坏屋舍、伤害人命，形成自然灾害，因此被视为凶神。

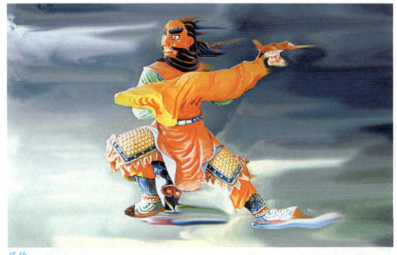

风伯

### (3) 雨师

在汉族神话传说中，雨师常常和风伯一起出现，曾是黄帝的属臣。《韩非子·十过》称："昔者黄帝合鬼神于西泰山之上……蚩尤居前，风伯进扫，雨师洒道。"雨师是司雨之神，但不能确认其究竟为谁。《楚辞》中称雨师名"玄冥"、"萍翳"、"屏翳"；《抱朴子》则说"山中辰日有自称雨师者，龙也"；而《搜神记》说"赤松子者，神农时雨师也……至高辛时，复为雨师，游人间。今之雨师本是焉"。世间流传种种，足以看出作为一个农业大国，民间对于作物生长过程中必不可少的降水的重视。值得一提的是，地支之中"丑"之神为雨师，所以民间往往在己丑日祭祀雨师。

雨师

### （4）雷公

　　雷公是古代汉族神话中主管打雷的神，属阳，故称公，又称雷神。古代人们对打雷这种自然现象不十分了解，因此逐渐演化出一系列有关的传说。最初，人们把雷公塑造成人头龙身的怪物，敲打它的肚子就发出雷声。后来才渐渐变成尖嘴猴腮的形象，并逐渐定型。在中国人的理念中，雷公是惩罚罪恶之神，人如果做了坏事或违背誓言，就有可能遭五雷轰顶而死去。汉族民间把雷公的生日定在农历六月廿四，这一天要举行祭祀仪式，寄托了汉族人民一种祛邪、避灾、祈福的美好愿望。

雷公

### (5) 电母

电母是古代汉族神话中主管闪电的神，属阴，故称母，又称闪电娘娘。电母是雷公的妻子。古人并不知道雷电是云层中的正负电荷相互摩擦的结果，反而认为是雷公和电母在云里打架，才有了雷电。因此，对雷电很是崇拜。

闪电之职，古代亦由雷公兼司。直至汉代才有电父之说。大约在唐宋时期，闪电之神变成电母。唐代崔致远有句称"使电母雷公，凿外域朝天之路"；宋代苏轼亦有诗称"麾驾雷公诃电母"。宋元以后，电母更有名姓。《铸鼎馀闻》称"电母秀使者，名文英"。《元史》

电母

的《舆服志》提到军中有"电母旗"，旗上画神人为女人形，"缥衣朱裳白裤，两手运光"。明代小说《西游记》和《北游记》都写到电母，称"金光圣母"或"朱佩娘"。

### (6) 尉灵公

尉迟恭（585—658），字敬德，山西朔州人。初唐大将，纯朴忠厚，勇武善战，一生征战南北，屡立战功。传说其面如黑炭，被尊为民间驱鬼避邪，祈福求安的门神。在中国传统文化中，尉迟恭与秦叔宝是"门神"的原型。在衢州，有尉迟恭督造衢州城墙的传说，因此百姓一直尊尉灵公为衢州地方保护神，在梧桐祖殿中也有供奉。

### (7) 蔡灵公

蔡伦(?—121),字敬仲,桂阳(今湖南郴州市)人。中国东汉造纸术发明家。蔡伦总结前人经验,改进造纸工艺,利用树皮、碎布、破布、旧渔网等材料,经过挫、捣、抄、烘等工艺造纸,称蔡侯纸,对改革和推广造纸术有很大贡献。造纸术使纸本书籍成为传播文化的最有力工具,是我国古代四大发明之一,是中华民族对世界文明作出的一项十分宝贵的贡献。衢州周边多山地,丛林密布,竹产丰富,能为造纸提供丰富的原材料,因此土纸制造业曾是古城衢州的主导

尉灵公

蔡灵公

产业之一。土纸制造业供奉蔡伦为祖师，称蔡灵公。九华乡旧时生产土纸，所以在梧桐祖殿中也供奉蔡灵公。

### (8) 杨灵公

杨炯（？—692），陕西华阴人。唐如意元年（692），衢州盈川县大旱，民众多食树皮草根。县令杨炯忧心如焚，为祷神降雨，沐浴斋戒，在盈川潭边跪求上苍降雨，但总是久旱无雨。杨炯心知无力回天，垂涕叹息道："我无能解民于倒悬，愧对盈川父老。"然后绝望地跳入衙内枯井。入夜，狂风骤起，大雨倾盆，稻禾复苏，灾民笑逐颜开。这一年五谷丰登、六畜兴旺，民众深感杨公其恩，塑杨公肉身神像，建杨公祠供奉，后改称盈川城隍庙。在民间，杨灵公是最得民心的一位城隍，所以在梧桐祖殿中也有供奉。

### (9) 茅灵公

茅瑞，生卒年份不详，是一名武将，红脸，身材魁梧。六十岁时被封为侯王，在山东任职期间公正廉明，深受民众拥护，死后被裱为画像，供当地百姓祭拜。相传清代初期，衢州开化县大溪边乡大坞口村村民余氏到山东做生意，买了一幅茅灵公画像。有一天到旅店投宿，店老板想谋财害命，是画上的"茅灵公"托梦给他，催他醒来，让他逃走。余氏带着这幅画逃到开化县方田村。为答谢救命之恩，余氏按照画像上的模样塑了一尊佛，并造了一座庙，将佛像安放在庙内。在每年三月初三举行"三月三"庙会活动时，纪念茅灵公，

杨灵公

茅灵公

此风俗在衢州当地延续至今。九华乡的民众认为茅灵公佛比较灵验，有求必应，所以在梧桐祖殿中也有供奉。

## [贰]九华立春祭的主要内容

九华立春祭与国内其他地域的立春祭相比，虽然在表达人们对风调雨顺、五谷丰登、财物丰盛等愿望上有共性，但其代代传承的民俗文化形式和祭祀载体梧桐祖殿在国内乃至全世界都是独一无二的。这项民俗祭祀活动可以追溯至两千多年前的秦汉时期，当时民间一直流行立春日迎春接福的民俗祭祀活动。

　　九华立春祭不但民间重视，还受到历朝衢州地方政府的高度重视。清康熙《衢州府志·典礼考》中载："每岁有司预期塑造春牛芒神。立春前一日，各官常服舆，迎至府县门外。土牛南向，芒神向东西。至日清晨，陈设香烛、酒果，各官俱朝服，赞排班，班齐，赞鞠躬。四拜，兴，平身。班首诣前跪，众官皆跪。赞奠酒，凡三。赞俯伏，兴，复位，有四拜。毕，各官执续彩杖，排列于土牛两旁。赞长官击鼓三声，擂鼓。各官环击土牛者三，赞礼毕。""府、县迎春，每年共支钱银一十二两。"

　　民间的祭祀活动主要包括以下内容：

## 1. 送"春牛图"

　　"春牛图"，是一种木刻印刷的民间版画，有春牛和芒神的形象，以红纸黑线版印为主，也有套色彩印的。旧时由报春人挨家挨户送春牛图上门。将春牛图贴于墙壁上，与春联、门笺相辉映，象征一年伊始，春耕将届之意。民国《衢县志·风俗志》载："民间犹鼓吹，送春牛图于家者。"

　　每年的春牛图各不相同，有牛倌手提绳子牵着耕牛的，意为当年农时节气迟，耕牛较空闲；有牛倌手提竹鞭在耕牛后面赶的，意为当年农时节气紧，耕牛特别忙；有牛倌骑在牛背上吹横笛的，意为当年风调雨顺，年成特好，等等。

饭瓶和捞饭

村民准备祭品

### 2. 准备迎春接福及祭祀的物品

节前需准备"迎春接福"案桌。案桌由三张八仙桌横向并排放置而成，约九尺长，三尺宽，二尺六寸高。迎春祭祀前，将案桌放置在梧桐祖殿大门外正中间，在案桌前挂上写有"迎春接福"字样的红纸（或锦），案桌中间放盛满捞饭的饭甑，甑后置一杯清茶，左右放置香炉、烛台、青菜、梅花、松柏、竹枝，象征洁净、常青和富足。

**饭甑和捞饭**　九华立春祭时用大号饭甑。立春的前一天晚上，把米煮成捞饭。将捞饭晾至微温，然后盛入饭甑中，堆成像谷仓顶部的形状，象征农作物丰收满仓。

**剪红纸**　用红纸剪出"春"、"福"、寿星、禄神等吉祥图案。将剪出的"春"字红纸用松柏叶柄固定在盛满捞饭的饭甑尖头上。

敬献给春神句芒的祭品

**书写"迎春接福"字样的红纸**　在约六尺六寸长，一尺六寸高的红纸上书写"迎春接福"字样，迎春时把这张红纸挂在案桌前。同时，书写春联，并将它贴在梧桐祖殿大门外的两边。

**茶**　将绿茶放入一大海碗内，临交春时刻用开水冲泡，并置放于迎春案桌上饭甑的正后面。这是献给春神的重要供祭品之一，也是立春祭祀的特殊祭品。

**香炉、烛台**　这是放置在句芒神像前的专用祭器。迎春神之前，由两位德高望重的长者点燃迎神香和蜡烛，从梧桐祖殿内大殿春神像前的供台上，送到祖殿大门前的案桌上。

**青菜**　将一株带根的青菜用泥土培植在大海碗中，立春前置放于迎春案桌上。这是献给春神的重要供祭品之一，也是立春祭祀的特殊祭品。在祭祀结束后，由老农将青菜种植到田地中，称之为种春，而且必须种植成活，象征当年农作物的成活率高。

**梅花**　将一枝蜡梅放入花瓶内，置放于迎春案桌上。这是献给春神的重要供祭品之一，也是立春祭祀的特殊祭品。

**松柏**　将一枝松柏放入花瓶内，置放于迎春案桌上。这是献给春神的重要供祭品之一，也是立春祭祀的特殊祭品。

**竹枝**　将一枝翠竹放入花瓶内，置放于迎春案桌上。这是献给春神的重要供祭品之一，也是立春祭祀的特殊祭品。

### 3. 遴选接春少男少女

在8岁至12岁的少男少女中，遴选出八名少男、八名少女，作

接春少女

接春少男

为接春时迎接春神的少男少女。这些少男少女在交春时刻前半个时辰，站立于梧桐祖殿大门外两侧，并吟唱有关立春的诗词和歌曲。

### 4. 悬挂二十四节气灯笼

在立春前定制的二十四节气油纸灯笼上，一面上书写"迎春接福"，另一面上书写二十四节气的名称。交春的前一天，将油纸灯笼全部悬挂在梧桐祖殿大殿春神像前的两侧。入夜时，点燃蜡烛。交春前须再点燃蜡烛。

油纸灯笼是传统手工制品，在衢州市柯城区九华乡云头村至今仍有人制作生产。灯笼除作为夜间照明之外，也是节日的喜庆吉

村民悬挂二十四节气灯笼

---

村民向春神句芒供奉自家的祭品

祭祀用的神鞭

祥物。九华立春祭迎春油纸灯笼是定制的，竹丝骨架，绵纸裱糊；阴干后在绵纸上书写"迎春接福"、"梧桐祖殿躬制"和"立春"、"雨水"、"惊蛰"、"春分"等二十四节气名称；再刷上桐油，起保护作用。悬挂于梧桐祖殿大殿春神像前两侧的灯笼是写有二十四节气名称的油纸灯笼，迎接春神的少男少女手提的油纸灯笼上没有写二十四节气名称。每年接春时，油纸灯笼都必须重新制作。

### 5. 迎春接福

在准备好"迎春接福"案桌及祭祀的物品后，在交春时刻前，大殿开门迎春，交春时刻鸣放鞭炮，焚香行祭礼迎春。

以前，皇帝迎春在地坛举行，衢州府县迎春在东门外举行，交

祭品

抬神巡村

春时刻相同。

民间百姓迎春，作为地方风俗一直从远古农耕文明延续至今。以衢州市柯城区九华乡妙源村为中心，在立春日仍然保留着"迎春接福"风俗。祭品以碗饭、清茶、青菜、米粿为主，但各家略有不同，在家中接春后，再到梧桐祖殿中供奉春神。祭祀春神时，各家由长者用竹篮装祭品，列队于庙祭行列之后，依次向春神供奉祭品。

### 6. 举行立春祭祀仪式

九华立春祭祀仪式在梧桐祖殿大殿春神像前举行。

仪式有以下几个步骤：祭春开始，燃放礼炮，锣鼓奏乐；向春神敬献祭品；向春神献花篮；主祭献词，宣读迎春接福祭文；由陪祭导唱祭春喝彩谣；向春神敬香；举香祭拜，向春神行鞠躬礼。

### 7. 鞭春牛，供奉春牛

"春牛"象征农事的耕牛。立春日有迎春习俗，由人扮句芒，鞭打春牛，地方官行香主礼，叫作"鞭春牛"。寓意"农户须勤劳和春耕开始"。鞭春牛，因各地风俗不同、时代不同而各有特点。梧桐祖殿接春一直沿用黄牛作为春牛，黄牛头顶挂红色彩结以示吉庆，牛角悬挂吉祥物以示吉祥。

在梧桐祖殿大殿春神像的左侧供奉的春牛，其骨架用竹篾编扎，表面覆盖绿色绸缎。在抬神巡村时，作为吉祥物的春牛代表春神句芒赐福。

### 8. 抬神巡村

地方士、农、工、商万民云集，手拈干香，锣鼓班高奏《将军令》，戏乐班奏起《朝天子》等曲子，抬神迎春赐福巡村。各村、各家

诸神巡村赐福

戴春

迎神祈福，放鞭炮、燃香点烛，送红包给抬神队，是九华乡农耕文化的延续。巡村时，春神句芒不出殿门，由盛装打扮的农民抬着四大灵公塑像出殿赐福，春牛则代表句芒与四大灵公同行。

### 9. 踏春

旧时衢州有立春踏春的习俗。民众到梧桐祖殿祭拜春神，感受初露的春光，脚踩即将萌芽的春草，谓之"踏春"或"探春"。

### 10. 采春

采集青竹枝、松柏及野菜，谓之"采春"。

### 11. 插春

将采集的松枝、翠竹等插在门上，谓之"插春"。

尝春

### 12. 戴春

将柳枝、竹枝编成环状，戴在孩子们头上，认为可以保四季清健，谓之"戴春"。

### 13. 尝春

自古至今，民间一直流传着立春日"尝春"的习俗。立春日的早餐和午餐必须吃青菜，谓之"尝春"或"咬春"。人们在立春这天吃一些春天的新鲜蔬菜，既为防病，又有迎接新春的意味。

### 14. 享春福

立春日的晚上，在祠堂中做春饼设筵席，男女老少都前往祠堂欢聚，谓之"享春福"或"祝春福"。

演戏酬神

### 15. 演戏酬神

梧桐祖殿内春神句芒像的对面是个精致的戏台,每年立春日来临,村里都要请戏班来唱三天三夜的戏,演给春神句芒和各路神仙看,全村男女老少也与各路神仙同堂观赏,名为"社戏"。其他节日如春节、元宵节、二月二、清明节、端午节、中秋节、重阳节、冬至等,也要在这里演戏,村民还会邀请邻村的亲朋好友前来看戏。每到这些时候,殿内殿外都热闹非凡。

### [叁]当代九华立春祭仪程举例

2014年立春在公历2014年2月4日,农历甲午年正月初五6时03分。根据立春祭祀,制定2014年2月4日立春日九华立春祭活动方案。

活动时间：2014年2月4日（农历正月初五）6时03分。

活动地点：九华乡妙源村外陈白然村梧桐祖殿。

2014年九华立春祭具体仪程如下：

**1. 接春和祭祀准备**

梧桐祖殿管委会和接春团体在2014年2月3日（农历正月初四）24时之前，准备完毕接春和祭祀所需的全部器具和祭品（按传统常规礼数准备）。

迎春接福准备工作于2014年2月3日24时前准备完毕。

祭品准备

**(1) 祭祀物品**

梧桐祖殿祭祀用大号饭甑。立春的前一天晚上，把米煮成捞饭。将捞饭晾至微温，然后盛入饭甑中，堆成像谷仓顶部的形状，象征农作物丰收满仓。

迎春祭祀前，将案桌放置在梧桐祖殿大门外正中间，在案桌前挂上写有"迎春接福"字样的红纸（或锦），案桌中间放盛满捞饭的饭甑，甑后置一杯清茶，左右放置香炉、烛台、青菜、梅花、松柏、竹枝，象征洁净、常青和富足。

这项工作具体由梧桐祖殿管委会负责。

因为2014年立春在2月4日6时03分，所以在夜里由梧桐祖殿管委会组织民众举行接春活动。2月4日的祭祀活动于上午9时18分开始。

**(2) 2014年（甲午年）交春、芒神、春牛图告示**

在红纸上书写以下内容，并把红纸张贴在梧桐祖殿大门的左侧，作为告示，于2月2日（农历正月初三）写好。

甲午年交春

二○一四年二月四日，农历甲午年正月初五六时零三分为交春时刻，鸣放鞭炮，焚香行祭礼迎春。

梧桐祖殿管委会

2014年（甲午年）九华立春祭告示

甲午年芒神

芒神少壮像，身高三尺六寸五分，系行缠鞋绔全[1]，平梳两髻在耳前右侧。本年是农忙，芒神在春牛左边并立。

梧桐祖殿管委会

甲午年春牛

二〇一四年（甲午年）春牛，身高四尺，长八尺，尾长一尺二寸；头青，身红，腹黑，角、耳、尾红，膝胫红，蹄黑；青牛口开，牛尾左缴，牛笼头用苎。

梧桐祖殿管委会

[1] 芒神穿着蒲鞋和无裆套裤。

### (3) 2014年 (甲午年) 梧桐祖殿春联

在红纸上书写以下春联，并张贴在梧桐祖殿大门的两侧：

黄道轮回，天地循环从今始；

春神下界，终而复始报喜来。

横批：春降人间。

### (4) 2014年 (甲午年) 正月初五立春梧桐祖殿迎春接福仪式

接春少男少女 (2月4日8时30分按程序定式在殿前排列完毕)：

遴选出的八名少男和八名少女，穿上一定的服饰，适当化妆，头戴柳

张贴春联

春联

条圈，手提油纸灯笼，在交春时刻前半个时辰，站立于梧桐祖殿大门外两侧，按左边四男四女，右边四女四男的顺序排列，寓意"四时八节"。少男少女们吟唱有关立春的诗词和歌曲。

悬挂二十四节气灯笼（2月4日5时56分点燃蜡烛，按常规程序悬挂）：在立春前定制的二十四节气油纸灯笼上，一面上书写"迎春接福"，另一面上书写二十四节气的名称。交春的前一天，将油纸灯笼全部悬挂在梧桐祖殿大殿春神的两侧。入夜时，点燃蜡烛。交春前须再点燃蜡烛。

这两项工作由梧桐祖殿管委会负责。

接春少男少女

梧桐祖殿内悬挂着二十四节气灯笼

## 2. 接春

2014年2月4日，农历甲午年正月初五6时03分，在梧桐祖殿大门外的平地上准时接春，接春时把殿内春神像迎至梧桐祖殿大门外的案桌上。

这项工作由梧桐祖殿管委会组织民众承办。

## 3. 梧桐祖殿立春祭祀

祭祀仪式于2014年2月4日，农历甲午年正月初五9时18分开始，在梧桐祖殿大殿春神像前举行。

祭祀仪程如下：

9时18分，司仪宣布祭春第一项：祭春开始，燃放礼炮，锣鼓队奏乐（播放十番锣鼓）。

司仪宣布祭春第二项：向春神献礼。

把放在右殿伙房中的祭品依次从大殿正门送至春神像前的案桌上，并摆放好。民间自发，群众随后。

祭品如下：

一元复始：猪头。

二级乾坤：牛头。

三阳开泰：羊头。

四季如春：年糕，粽子，米粿，白菜。

五谷丰登：稻谷，玉米，小麦，高粱，小米。

六六大顺：红糕、鸡蛋糕等六种糕点，一杯清茶。

七星拱月：西瓜子，葵花子，南瓜子，花生，核桃，番薯干，糖果，月饼。

八仙过海：橘子，苹果，香蕉，桂圆，荔枝，大枣，桃子，香泡。

九九归一：馒头一盘。

十全十美：饭甑一个。

司仪宣布祭春第三项：向春神献花篮。

花篮飘带右联：甲午年九华梧桐祖殿祭春；左联：梧桐祖殿管委会及全体士民。花篮由两位接春少女抬举，排在第一位。

燃放礼炮

司仪宣布祭春第四项: 由主祭献词。

2014年(甲午年)迎春接福祭词如下:

　　岁在甲午, 时值立春, 节届新年, 适逢外陈寺坞, 合并一村, 妙源乡亲父老, 亲朋好友, 谨备鲜花礼乐, 肃立于梧桐祖殿春神像前, 公祭春神句芒。

然后主祭站立队前, 高声诵读祭文:

敬献祭品

主祭宣读祭词

太岁甲午，三龙治水。

芒神少壮，财神圣诞。

雨水多盈，五谷丰登。

大地回春，惠泽民生。

劝君行善，社会和谐。

自然融合，敬顺昊天。

祈祥纳福，寿臻福臻。

天道循环，终而复始。

岁岁太平，物阜风淳。

司仪宣布祭春第五项：由陪祭导唱祭春喝彩谣。

2014年（甲午年）祭春喝彩谣：

陪祭：甲午立春，三龙报喜讯。

众：好啊！

陪祭：春回大地，复始万象新。

众：好啊！

陪祭：迎春接福，柯城三阳泰。

众：好啊！

陪祭：春神护佑，福祉惠万民。

众：好啊！

陪祭：春色满园，沃野千里好。

2014年（甲午年）迎春接福祭词

众：好啊!

陪祭：春风浩荡，国强民富安。

众：好啊!

陪祭：春华秋实，风调雨顺粮丰收。

众：好啊!

陪祭：天地复始，人寿年丰万象新。

众：好啊!


司仪宣布祭春第六项：向春神敬香。

主祭、陪祭、接春少男少女、敬香民众依次从大殿正门进入殿内，向春神敬香。

司仪宣布祭春第七项：举香祭拜，向春神三鞠躬。

众人举香，随司仪口令行鞠躬礼：


一鞠躬——祈福甲午吉年风调雨顺!

二鞠躬——祝福妙源百姓幸福安康!

三鞠躬——祝愿国泰民安社会和谐!

礼毕!


司仪宣布祭春第八项：梧桐祖殿大殿祭拜春神仪式结束。

#### 4. 鞭春牛

鞭春牛在梧桐祖殿大殿祭祀结束后举行。

鞭春牛祭春（2月4日9时40分开始）：每年立春举行"鞭春大典"，也称鞭春牛、唱春牛、跳春牛、春牛会等。鞭春牛就是用鞭子抽打春牛，是我国古代迎春的一种习俗。鞭春牛也包含了鞭策耕牛努力耕作，使得农作物收成更好的美好愿望。

这项工作由梧桐祖殿管委会负责。

(1) 喜迎春牛

(2) 祭拜土地神

(3) 鞭春牛

鞭春牛

芒神（由农夫扮演）手执彩鞭，鞭打春牛，开始了2014年（甲午年）新春第一耕……

**(4) 鞭春喝彩**

仪式开始，主事站在田边，带领众人高诵甲午鞭春喝彩谣（本喝彩谣可反复多次喝彩）：

主事：一鞭春牛，三龙迎春。

众：好啊！

主事：二鞭春牛，春回大地。

众：好啊！

主事：三鞭春牛，三阳开泰。

众：好啊！

主事：四鞭春牛，风调雨顺。

众：好啊！

主事：五鞭春牛，五谷丰登。

众：好啊！

主事：六鞭春牛，安居乐业。

众：好啊！

主事：七鞭春牛，人寿年丰。

众：好啊！

主事：八鞭春牛，国强民富。

众：好啊！

主事：九鞭春牛，春赐万福。

众：好啊！

### （5）抢春

以前，鞭春牛后，民众一拥而上，争抢春牛身上装满食物的喜袋和竹枝翠柏，这些物品被民众视为吉祥物，可以保佑平安，并赐福予他们。为安全起见，2014年抢春仪式改为现场分发。

播撒种子

### (6) 春播

主事在刚刚翻耕过的田里播撒五谷种子，移栽青菜幼苗，以示春播开始。

### (7) 插春

民众把现场分发的春牛身上的竹枝翠柏插在自家门前，把田边路旁采集到的树苗种在自家屋前屋后，祈求五谷丰登、六畜兴旺。

### 5. 抬神巡村赐福仪式

抬神巡村赐福仪式在鞭春牛仪式结束后举行。

地方村社活动，信民云集，手拈干香，锣鼓班高奏《将军令》，

移栽青菜幼苗

插春

戏乐班奏起《朝天子》等曲子，民众抬着春牛和四大灵公的神像串村巡街，赐福于各村各户。请来县学街威风锣鼓队现场助兴。

这项工作由梧桐祖殿管委会负责。

### 6. 尝春

尝春于2月4日11时30分开始。

立春午餐必须吃青菜，谓之"尝青"或"咬春"。人们在立春这一天要吃一些春天的新鲜蔬菜，既为防病保健，又有迎接新春的意蕴。

### 7. 踏春

踏春于2月4日13时至14时20分进行。

组织相关人士（包括记者）踏春。在外陈自然村梧桐祖殿祭拜春神之后，沿着梧桐溪，经"三皇殿"、"古春神殿"感受沿途初现的春光，踏着即将萌芽的春草进行踏春民俗活动。

### 8. 享春福和立春祭祀研讨会

立春这天晚上，在祠堂中做春饼设筵席，男女老少都前往祠堂欢聚，谓之"享春福"。2月4日18时30分，在妙源村文化礼堂办公室举办"2014甲午年立春祭祀民俗文化研讨会"，参加人员包括妙源村领导、甲午年立春祭祀各小组组长、村民代表和嘉宾。

村民接福

### 9. 演戏酬神

在梧桐祖殿的戏台上演戏酬神，立春日这天，请戏班子唱戏，演给梧桐老佛和各路神仙看，全村男女老少也与各路神仙同堂观赏，名为"社戏"。村民还会邀请邻村的亲朋好友前来看戏。

2014年（甲午年）第一春社戏于2月3日晚上演一场戏，2月4日立春日下午再演一场戏，共两场戏；第二春社戏于2015年2月4日立春日（甲午年十二月十六）和2月5日（甲午年十二月十七）各演一场戏（因甲午年是两头春，年头一个立春，年尾一个立春，故有"第二春社戏"一说。每年演戏场数视经费多少，所演出场次不一）。

### 10. 2014年（甲午年）梧桐祖殿迎春接福祭祀仪式结束

民众到梧桐祖殿春神像前焚香谢神，即宣告2014年（甲午年）梧桐祖殿迎春接福祭祀仪式正式结束。

# 立春

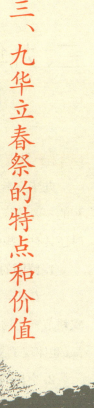

# 三、九华立春祭的特点和价值

九华立春祭具有鲜明的农耕节气性、突出的传奇性、浓郁的地方性和悠久的历史性，体现了人类既敬畏自然又敢于改造自然，既热爱劳动又注意休闲，既勤劳致富又节俭积德，倡导人与自然的和谐相处。

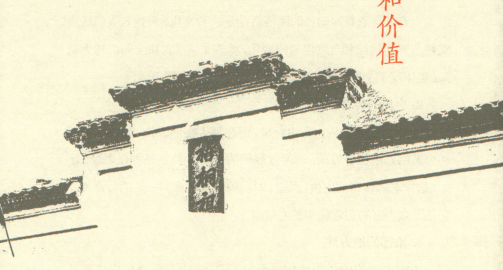

# 三、九华立春祭的特点和价值

## [壹] 主要特点

九华立春祭不仅有着悠久的历史，有着节气民俗节庆和民间祭祀的一般特征，如集体性、地方性、传承性和口头性等共同特点，同时还具有一些自身独有的特征。

### 1. 鲜明的农耕节气性

立春日祭祀春神句芒的民俗活动是一种文化，表达着人们顺应农耕节气的物候和自然现象的变化，体现了华夏农耕文明的博大精深，也体现了农耕节气的科学性和人类自然生态观。

### 2. 突出的传奇性

春神句芒虽然从生活中而来，但在其人物形象设计、生活遭遇和为民惩恶造福等方面，却通过鲜明的传奇性特征来加以表现。比如，梧桐老佛传奇的出生、得道、对法等都有着非同一般的传奇性，它是民众丰富的想象和智慧的结晶。

### 3. 浓郁的地方性

梧桐老佛的传说因梧桐峰而起，其内容也是围绕梧桐峰展开的，它将衢州人民的理想、追求、物产和生活形态等，都融入了梧桐老佛鞭春牛的传说之中。如梧桐老佛、梧桐老佛殿、双仙观、石棋盘、演戏喻人等，生活于其间的人们，无不耳熟能详，体现了浓郁而鲜明的地方性文化。

### 4. 悠久的历史性

农耕节气影响深远，长期影响民众生活生产。民间立春节令民俗活动和传说都具有悠久的历史性特征。四千五百多年前，华夏先祖就建立了以天（以太阳为主的天体）、地（以山水土地为载体的地球）、人（以人为主的动物、植物个体）、节气（天地变化和人的感受的现象），通过"神"的造像来传播农耕文明和天、地、人的自然生态关系，表达了人与自然和谐相处的观点。唐永贞元年（805），唐顺

外陈自然村农家小院

宗李诵颁布历书，将二十四节气等天气物候与农耕文明相关的内容用文字形式传播。二十四节气的制定，综合了天文学、气象学以及农作物生长特点等方面的知识，通过历书传承，比较正确地反映了一年中季节物候特征和变化，深受广大农村地区民众喜爱，从唐代一直流传至今。

## [贰]重要价值

### 1. 体现了民众敬畏自然又敢于改造自然，以期天、地、人三者和谐的心态

人类能改造自然，又必须依靠自然，在无法抵御自然灾害的时候，更加希冀自然界的风调雨顺。在农作物丰收的同时也不忘对苍天与土地的感恩，祭春神是表达感恩的一种形式。原始先民受对自然现象的认知能力的限制，无从解释灾害、疾病与死亡，便猜想出无形的又主宰世间一切的"神"。"申"字象征闪电时云层间出现的曲折的电光。古人认为闪电是神的显现，所以常以"申"来称呼"神"。后加"示"旁为"神"。先民们在认识了方位，树四方之神，懂得历法后，又请方位神兼职：东方木神句芒兼春神，南方火神祝融兼夏神，西方金神蓐收兼秋神，北方水神玄冥兼冬神。或许是春秋两季关系播种和收获，先民特别祈盼春季和秋季能风调雨顺，这样就可五谷丰登、六畜兴旺、九州安泰、万民康福，因此较为重视春神和秋神。

送福

交春之日，东方发白时，有农户单独进行迎春祭春。有的农户户主带着香、裱黄纸、猪肉、豆腐等到自家田头，焚香烧纸拜天地，再放鞭炮，然后将一枝绿色草木带回放在家中香案上。用餐时，桌中摆放一盘生的青菜或白菜，寓意"请财进门，家中要发财"。有的农户将八仙桌搬至天井中，摆放上铜制或石雕的香炉、高脚烛台，焚长香，点燃红烛，沏一杯清茶，摆一只盛有泥沙的大碗，内插一面写有吉言的小红旗和一株新鲜黄芽菜，香尽烛灭后，把菜种到菜地，寓意"让财落地生根"。

旧时，凡是村、社（三平方公里为一社）、里（三十户为一里），必有一平方米的社神庙。在庙里放两块人形的石块，表示土地公公和土地婆婆。庙门贴一联："公公十分公道，婆婆一片婆心。"立春、开犁、进山时，村民们都会在庙里焚纸燃香。这种久传的灵石膜拜风俗，表达了先民对土地的崇敬与感恩。此外，播谷种、开秧门时，都会简易地祭拜土地神：在田头摆上猪头、全鸡、酒，烧箔纸银锭，举香叩拜，然后把扎有红纸条、三支香、三张裱黄纸的竹竿或树枝插在田塍上。

　　人类通过大脑和肢体的活动，改造自然，改变自身，来获得生活所需的物质。民众既期望靠天吃饭，不要有灾难降临，但同时又做好防洪抗旱抵御兽害的准备。旧时人们在立春前给人送《春牛图》，画的是春神赶牛。《春牛图》有预报气候与年成的作用。牛身

供品青菜

供品

上黄色居多预示风调雨顺,黑色多表示会发洪灾,蓝色多表示有风灾。春神不戴帽表示该年气候温暖;春神一脚赤足,一脚穿鞋,意味着风调雨顺;春神双脚穿鞋说明当年偏旱,双脚赤足预示当年雨水多。这些是根据历年气候现象做出的推测,意在让人们注意防范。人们挖塘泥以增加储水量,修堤筑堰疏通田沟水渠以利排灌,修理水车以备抗旱。秋天,为了防止野兽损坏庄稼,须安装吊弓捕兽。衢州常山举村有喝山节。每到十月初八,村民们挑着谷、酒、土、灰去洋坑山神庙,一路上吹唢呐、敲铜锣、擂大鼓,唤山神,祭后撒谷、洒酒、抛土与灰。一路吆喝与锣鼓声主要是催促野猪、猴子等野兽远离村庄农田;撒谷是给野兽吃的,让它们不要再去田里胡拱乱啃;土

与灰是给草木固基培根的，希望茂林修竹欣欣向荣，让鸟兽安居林间，不再下山害人。

不论是祭祀祈福，还是备灾防兽，都表达了民众敬畏自然又积极防御自然灾害的心理，不听天由命，依靠自身的努力，最终求得人类与天、地、动植物的和谐共处。

### 2. 体现了民众热爱劳动与注意休闲的辩证思维

二十四节气是农耕节气，告诉人们应该应季而作。人们根据物候节律，春种夏锄秋收冬藏。我国的春节、端午、中秋都是与劳作相结合的。祀春是晨钟，是进军号，提醒人们要开始耕种了；端午在麦收之后；中秋在稻收之后。

焚香行祭礼

劳动创造一切，没有劳动就没有人类本身，没有劳动就没有一切发明。人类为了生存，必然要通过劳动去创造物质财富。祭春的最关键之举是开犁。农耕时代，只有打开土地这个百宝箱才能丰衣足食。

人们对土地的热爱，对农耕生产的执着，在谚语中也有体现：过了元宵节，锄耙犁耖都请出；过了二月二，百样种子落田畈；清明一到，农民起跳；吃了谷雨饭，天晴落雨都出畈；吃了立夏粽，日夜没得空；秋前田里常弯腰，秋后有吃又有烧。还有许多谚语指出劳作中要精耕细作勤管：耕得深、耙得细，一季收入顶两季；只种不管，敲破金碗；种田不除草，好比毒蛇咬；有田无塘，等于娃儿无娘。这些既体现了人们改造自然的愿望，又展示了他们吃苦耐劳的精神。

人们通过文娱形式的活动来进行祭春，暗示在繁重的劳动中要快快乐乐，以利身心健康。等农事稍有空隙，人们就开展文艺体育活动，以强身健体，比如祭春时踏春、端午赛龙舟、中秋舞龙、重阳登高等。题为"十二月"的民歌真实地记录了人们劳逸结合的情况：正月铲麦，吃馃子；二月种树，放鹞子；三月栽瓜种豆又采茶；四月有麦磨，尝梅子；五月苦一苦；六月剥豆摇扇子；七月稻桶响，田铲叫；八月锣鼓闹，摘橘子；九月收油茶，赶庙会；十月拖拖鞋，铲皂子；十一月榨油烧白炭；十二月脚烤白炭火，手捧苞萝馃，除了皇帝就是我。看来，无论是休闲还是劳作，人们都沉浸在欢乐愉快中。

### 3. 体现了民众勤劳致富与节俭积德的"持家观"

"一岁之计在于春，一生之计在于勤。"祭春提醒人们，须及时耕种，这是生命之根。

立春前两天，人们塑春神句芒，同时要塑春牛或纸糊竹扎春牛。衢州立春日当天，将春神与牛接到城里，一路上让人们摸牛耳（即摸春），鞭牛身（即鞭春）。牛是农民的宝贝，最忠实的伙伴，种田可少不了它。有一些谚语体现勤劳致富，比如：种田不养猪，好比秀才不读书；家里不养四只脚，田地变成石疙瘩；养猪养牛，肥料不愁；养猪养羊，有肉有粮；养牛好耕田，养猪好过年，养鸡养鸭换油盐，等等。农户致富的门路有很多，比如：家种一亩园，抵得十亩田；八月种芥，竹篮拎破；生地辣椒熟地瓜，种姜抵过当县官；一分好地产一斗，一分手艺养十口；纺车响，饭菜香，等等。

春华秋实，尚要半年，紧接着是青黄不接的时期，人们得节约粮食，况且气候难料，若洪涝旱灾降临，更应当有预防措施。或许是从防灾害防战乱的意识开始，加上对劳动果实的珍惜，人们注重节俭，逐渐形成了开源节流、勤俭持家的观念。有一些流传已久的关于勤俭的谚语：勤是摇钱树，俭是聚宝盆；光增产，不节约，等于买了没底锅；要和人家比种田，不和人家比过年；有时每顿省把米，胜过荒年紧肚皮；一天节省一根线，百日也能把牛牵。农户家家都有罐罐坛坛，用来腌菜，装豆腐乳，腌辣椒、萝卜等。蔬菜收获时，要晒豆荚干、萝卜片、笋干，做咸菜，这样既可防止蔬菜腐烂，又可防荒时。此外，还编一些传说故事进行教育，以塑造勤劳的优良品格，培育吃得起苦的坚韧精神。

**4. 体现了民众随岁时节令变化而出现的生活内涵的转向**

一是由春节饮食文化转向文体娱乐。除夕前后以饮食为主，而元宵则以狂欢为主。闹元宵始于汉文帝。放灯始于唐开元年间，灯楼灯树灯棚，张灯结彩，火树银花不夜天，高跷旱船，舞龙跳狮，杂耍唱戏，欢天喜地。有声，鼓乐喧天；有色，五彩缤纷。鼓鸣则起，寓

鞭春牛

意"雷"声响,喜事到。在衢州,定正月十三为灯头,因为考虑到立春日在正月十三前后居多。

　　二是由家族聚会为主转向以社会交谊为主。在灯头之前的春节活动基本上是家族内部进行。初一拜祖宗,初二拜长辈,然后走亲戚。祀春让千家万户不约而同地集聚起来,增进家族与家族的联系,促进社会和睦。

### 5. 体现了民间风俗传说与文人吟诵的互动关系

　　以往,民间传说的内容常常并不为文人所看重,但其部分核心情节或细节也会被文人采纳记录。那些依附于文人吟诵的关于九华立春祭及其传说的内容,若隐若现地存在于文人的诗文中,并影响着文人对于春神句芒的崇尚和价值判断。虞喜、谢灵运、孟郊、白居

踏春

易、陆游、朱熹、苏东坡、徐霞客、李渔等文人墨客对立春的传诵，在不同时代有着不同的内容和目的，表现出春神句芒和传说对文人认知系统的深刻影响。

### 6. 体现了宗教信仰与民间风俗的互相融通

九华立春祭及其传说不是宗教的附庸，它对二十四节气等天气物候的信仰产生了其他内容不可替代的作用。从表象上看，春神句芒的传说似乎是关于仙人的，但在衢州民众的心中，春神句芒是传奇的神。人们通过生活化的场景来追求美好的理想和希望，正好与道教的终极追求相一致，造就了春神传说以及它的长期传承。它们的相互包容，既是宗教信仰的价值取向，同时也是生活理念的最高标准，使春神传说的价值独特性获得了最大的表达。

九华农耕文化展示馆

### 7. 倡导了人与自然的和谐相处

先民们在生活和劳动中，对风、霜、雨、雪、雷、电和春、夏、秋、冬自然现象的规律从不了解到逐渐了解，在掌握自然规律的同时孕育了"神"文化和民俗文化习俗。这种节气、神文化、民俗文化的出现也是古代人类对与自然和谐相处的愿望和精神寄托。节气、神文化成为中国民俗中重要的组成部分。

四千五百多年前，华夏先祖就将天、地、人、节气，通过"神"的造像来传播农耕文明和天、地、人之间的自然生态关系，并将天、地、春、风、雨、雷、电等现象拟人化并加以崇拜，表达了人类希冀与自然和谐相处的愿景。

从节气(令)发展起来的神文化，体现了"天道自然"的观念，因地球有了生命，有了人类，人类认识了大地山川、天体宇宙、气象万物，进而产生思想哲学。道家学派创始人老子认为"人法地，地法天，天法道，道法自然"，以"道"来解释宇宙万物的演变。人们通过对神的祭祀，希望与大自然和谐相处，祈祷风调雨顺，养育人间万物。

### 8. 体现了节气民俗文化中的科学性

千百年来，人们在实践中观察、猜测、思索、企盼，以期求得生存与发展，所以在不同的历史时期出现了许多民间习俗，也就是民俗文化。英国人类学家马林诺夫斯基在《文化论》中指出："文化是一个组织严密的体系，同时也可以分成基本的两个方面：器物和民俗。"

在科技水平十分原始落后的情况下，我们的祖先通过缜密的观察，发现了节气的规律，其准确性与当今最先进的科技手段计算出来的农事节气基本相符，这无可争辩地说明了九华立春祭及我国古代农事节气的科学性。

立春

# 四、九华立春祭的保护与传承

自2001年梧桐祖殿被发现以来，各级组织和单位都承担起梧桐祖殿维修、管理、保护、传承的责任。作为典型的节气民俗节庆文化，梧桐祖殿立春日迎春神句芒的民间祭祀民俗的传承谱系，实际上是在民间以口耳相传的形式，一代代地传承下来的。

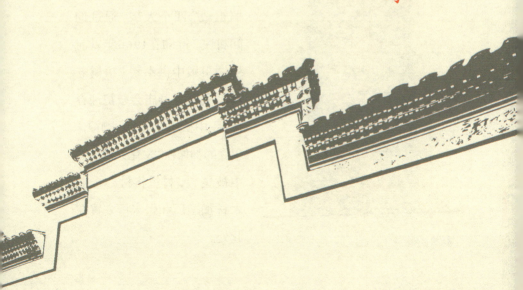

# 四、九华立春祭的保护与传承

## [壹]保护缘起、过程和措施

### 1. 梧桐祖殿的发现

2001年，现国家级非物质文化遗产九华立春祭代表性传承人汪筱联参与衢州柯城区政府组织的民俗田野调查时，在九华乡外陈村梧桐峰下的台地上发现一古建筑物。其外形像一座庙宇，墙壁斑驳，大门上方一块沾有黄泥的青石门额上隐约可见"梧桐祖殿"四个大字。通过询问村民，得知在1966年以前梧桐祖殿中供奉着"梧桐老佛"，每年立春庙会祭祀迎春接福，中秋庙会则演戏酬神，里面的神像在"文化大革命"中被焚毁，村里将村办企业木材加工厂和碾米厂安置在此处。

"梧桐祖殿"石碑

为破解此古建筑之谜，汪筱联查阅了大量史料。

**史料之一：《左传》** 据记载："木正（即木神）曰句芒。古'五官'之长。"句芒原名叫"重"。句芒的侄子少昊称帝后，派叔"重"率师灭了有郐部落，以"重"之功封为"木正"，为"五官"之长。

**史料之二：《礼记·月令》** 据记载："句芒，是东方之神，治春之神。封为'木正'后，曾辅助少昊管理东方一万二千里的土地，使民不饥、国殷实、民不夭。""孟春之月……其帝大昊，其神句芒，春之身盛德在木，故司木运之神曰句芒。"由此可见，句芒是主管树木和百草生长的木神，亦称"春之神"。

**史料之三：《山海经》** 据记载："句芒神崇拜起始于何时，尚无定论。"《山海经》研究者将句芒的踪迹追溯到远古的新石器时代。炎、黄时期，句芒是春之神，管理春天来到，春耕播种，农业丰产。周代，句芒神仍辅助天帝治理春天。祭祀句芒神的目的也是在于祈求五谷丰登。

**史料之四：外陈自然村《苏氏宗谱》、《龚氏家谱》、《傅氏宗谱》** 根据这些宗谱的相关记载以及当地立春祭祀的民俗传统，结合文献资料考证，得出的结论是：梧桐祖殿中供奉的是我国的木神（即春神）句芒。句芒神像，人脸、鸟身，穿白衣，驾两条飞龙，手里拿着一个圆规，管理春天万物的生长。为什么冠以"梧桐"之名呢？原来在旧时衢州九华山一带，山上的梧桐树及其他树木都长得特别茂盛，民众就用一根特别巨大的梧桐树雕了一个句芒神像供奉起来，因此也称春神句芒为"梧桐老佛"。

## 2. 保护缘起

2007年1月29日，时任中国民俗学会会长的刘魁立到衢州考察九华乡梧桐祖殿立春祭祀和邵永丰麻饼制作工艺，对这两项浙江省非物质文化遗产进行实地调研。由时任衢州市文化广电新闻出版局副局长林伟民陪同，因为需要现场介绍解说，安排了九华立春祭的传承人汪筱联一同作陪。刘魁立详细询问了当地的风俗，立春祭祀

2006年九华立春祭

习俗，梧桐祖殿建筑在"文化大革命"中是如何保护下来的，春神像的焚毁和重雕过程，等等。汪筱联具体介绍了梧桐祖殿自2001年被发现以来，研究发掘保护的详细经过，以及2005年以来，民间自发在立春日进行迎春接福祭祀活动的情况。刘魁立认为，衢州能如此完整地保存立春祭祀和民俗载体梧桐祖殿以及春神句芒，实为难得，全国少有，为我国保存了一份珍贵的民俗文化遗产；要求当地在切实加强田野调查的基础上，尽可能保存原生态的民俗传统文化；认为当地可以着手准备九华立春祭申报国家级非物质文化遗产保护

2007年九华立春祭

目录的资料。

### 3. 保护过程

自民国22年（1933）梧桐祖殿大修以后，七十年间从未修葺过。直到2003年，九华乡外陈村、寺坞村把村办企业从梧桐祖殿中搬出，同时将梧桐祖殿作为村老年活动室。外陈村村民龚卸龙承包修葺梧桐祖殿，村民们有的捐款，有的出力，承担起梧桐祖殿维修、管理、保护、传承的责任。

通过对梧桐祖殿古建筑资料的收集，对梧桐祖殿和春神句芒的考证，以及对双仙观雨师、立春、二十四节气的考证，确认外陈村的梧桐祖殿就是民间供奉和祭祀春神句芒的神庙，而梧桐祖殿是民间在立春日举办祭祀活动的载体。

从2003年开始，汪筱联和他所在的团队就着手进行梧桐祖殿立春祭祀和"梧桐老佛"传说的收集整理和编写工作，相关文章陆续在《浙江日报》《衢州日报》《衢州晚报》《历史文化研究》等报刊上发表，比如《愿梧桐峰下春意永远盎然》《衢州梧桐祖殿立春祭祀》《衢州大话集》《衢州民俗大观》等。

梧桐祖殿中原来的春神句芒像在"文化大革命"中被焚毁。在2004年（甲申年）立春祭祀后，村民希望重雕句芒神像，并请来专业木雕师傅，根据古籍中所描写的春神句芒的造型，将句芒神雕成了一座脚踏两条飞龙，手执圆规，高2.5米的神像。

2006年2月11日,衢州市民间文学艺术家协会在天章阁召开年会,将梧桐祖殿立春祭祀作为一个研究课题列入议事日程,并根据梧桐祖殿立春祭祀的历史背景、文化溯源、传承现状、存在问题等展开民俗文化研究。

2007年,外陈村开始修葺梧桐祖殿、恢复匾额楹联,并同时开展了白蚁检查和防治、殿后开排水沟防潮、正门修筑台阶、加固天井边柱、重雕并补上被盗的原梁柱间的雕花牛腿等工作,使这一古建筑风貌得以重现并得到妥善保护。

### 4. 保护措施

设立国家级非物质文化遗产立春祭祀保护工作办公室,其成员由衢州市非物质文化遗产

梧桐祖殿内的装饰

国家级非物质文化遗产九华立春祭授牌仪式

保护领导小组成员、梧桐祖殿管委会有关领导及其他相关成员组成。办公室设在梧桐祖殿管委会，负责和协调具体的保护工作。

设立立春祭祀的民俗团体，主要由原立春祭祀的传承人、关心立春祭祀的相关人士组成，保证立春祭祀的正常进行。梧桐祖殿立春祭祀活动具体由梧桐祖殿管委会负责。

设立民间立春节气民俗文化研究会。在目前的基础上，吸收更多各方面的人才进入立春节气民俗文化研究会，使研究会真正成为立春祭祀保护和传承的智囊团。

设立以梧桐祖殿管委会为主的保护发展基金会，筹措立春祭祀活动的资金。

立春和二十四节气民俗文化研讨会

## [贰]传承谱系与代表性传承人

### 1. 传承谱系

作为典型的节气民俗节庆文化,梧桐祖殿立春日的迎春神句芒的民间祭祀民俗的传承谱系,实际上是在民间以口耳相传的形式,一代代地传承下来的。所谓的传承人,是指能在梧桐祖殿立春民间祭祀中按照传统民俗,组织立春民间祭祀活动,同时会讲述立春民俗节庆和"梧桐老佛"传说的人。他们在生产、生活和走亲访友的过程中,获知关于"梧桐老佛"的传说故事,并在各种场合讲述这些传说故事。目前可知的传承人,大致有以下一些较有代表性的人物:

| 姓名 | 性别 | 出生年份 |
|------|------|----------|
| 龚双寿 | 男 | 1928年 |
| 傅银春 | 男 | 1926年 |
| 苏银泉 | 男 | 1928年 |
| 苏朝林 | 男 | 1929年 |
| 汪筱联 | 男 | 1943年 |

梧桐祖殿立春民间祭祀的执事有以下几位：

| 姓名 | 性别 | 所在地 | 出生年份 | 当执事时间 |
|------|------|--------|----------|-----------|
| 郑遂安佬 | 男 | 坞口村 | 不详 | 新中国成立前 |
| 龚卸龙 | 男 | 外陈自然村 | 1965年 | 2004—2008 |
| 龚双寿 | 男 | 外陈自然村 | 1928年 | 当前执事 |
| 龚雪龙 | 男 | 外陈自然村 | 1968年 | 当前执事 |

当前九华立春祭时安排各项事务的人员如下：

开春大典安排人：汪筱联（柯城区城关镇人，1943年出生）、傅奕文（柯城区九华乡外陈自然村人，1975年出生）、吴海根（柯城区九华乡外陈自然村人，1970年出生）。

佛前管事：傅若古、苏银泉、黄松茂、黄土古、苏罗汉、姜水英。

财务：傅若干、傅雪良（村会计）。

抬佛：苏雪强、龚雨标、傅土林、王春古、苏志明、苏雪峰、苏志立、徐敏泉、苏杨木、傅根强。

香头：方菊凤（石梁苕溪人，1975年出生）。

伙头：傅生耀（1953年出生）、丰加六、龚元锡。

安全：苏雪华、傅奕清。

乐队：苏培良、苏荣标、祝和土、林金泉。

## 2. 代表性传承人

国家级非物质文化遗产九华立春祭代表性传承人汪筱联，号山翁，1943年出生于衢州柯城区，祖籍安徽黄山。荣获"浙江省非物质文化遗产普查先进个人"、"浙江省优秀民间文艺人才"等称号。汪筱联参与编写《柯城区志》、衢州市《建筑志》、新版《衢州市志》、《衢州市地名志》等。为《衢州古城记系列1—3》（含《峥嵘山志》《远逝的古邑》《记忆与解读》三部书）的作者之一。

国家级非物质文化遗产九华立春祭代表性传承人汪筱联

# 附录

## 1. 诗词

### 登梧桐峰绝顶

[清]郑龙师

梧峰险峻攒天树，细草茸茸无径路。

石磴扳缘一再登，疑身已在云霄住。

模糊一望景参差，苍翠红黄高下布。

练白长河屈曲流，层峦簇簇青螺聚。

俯观城郭大如箕，村落星罗莫可数。

举道怪道天汉低，山高不雨常飞雾。

枯藤古木不知名，落叶萧条秋已暮。

寥寂无声万壑幽，微风忽向松间度。

### 过梧桐峰

[清]郑光璐

间云幂苈万山稠，苍翠从中暑气收。

缠过梧桐峰下路，满襟疏雨便凝秋。

## 梧桐峰

[清]章典

云外钟声古寺头，盘空曲磴翠光流。

行人莫上梧桐峰，树树光秋惹客愁。

## 迎春

[清]郑永禧

纸扎春牛[1]肖似真，满堆两角豆圆匀。

细看纱帽红袍客，不是芒神是乞人[2]。

## 雨中过梧桐峰

[当代]林峰（中华诗词学会）

轻烟漠漠涨青苔，细雨霏霏云不开。

谁道春归花又老，清香一缕过山来。

---

[1] 古时州县于立春（或立春前一日）鞭土牛（泥土塑成的牛像），以祈丰年，劝农耕，谓之"打春"，此土牛亦称"春牛"。后来，春牛用苇、纸等制成。

[2] 芒神，即春神句芒。"打春"时由乞丐扮芒神，与春牛一同出场。

### 梧桐祖殿

[当代]刘天汉（衢州市诗词学会）

梧琴乐奏水淙淙，桐叶知秋淑景雍。

祖逖新衷勤秉笔，殿神造赧赞农功。

### 春神殿

[当代]叶裕龙（衢州市诗词楹联学会）

梧凤之鸣颂太平，桐神淑节佑农耕。

祖成祭礼虔诚至，殿宇重光举世名。

### 五月朔访春神殿

[当代]汪筱联（衢州市诗词楹联学会）

芒种栽苗绿万畴，神鞭响处奋春牛。

妙源溪岸人忙碌，布谷声声伴清流。

## 2. 楹联

2007年6月15日，农历丁亥年五月初一，衢州市诗词楹联学会六位诗友，应衢州柯城区文化局邀请，赴九华乡外陈村梧桐祖殿举行笔会。其主旨是为梧桐祖殿填补在"文化大革命"中散佚的匾额、楹联、碑刻、诗词等。

这次笔会创作的楹联有：

中华诗词学会林峰撰联两副：

梧影婆娑，名播千载；

春风浩荡，福荫万民。


枝上雨飞千尺翠；

殿前花绽九州青。


衢州市诗词楹联学会叶裕龙撰联两副：

清雷惊梦苏万物；

黄道轮回冠四时。


促耕耘，播五谷，谋一年生计；

忙织锦，缀千红，绘万里新天。


衢州市诗词楹联学会汪筱联撰联两副：

农时节气寒来暑往，和煦春风吹绿神州大地；

历数月期斗转星移,茫茫银汉包藏宇宙玄机。

立春播种籽耕,躬祈风调雨顺;

冬至储藏织缮,夙求国泰民安。

## 3. 碑文

### 重修梧桐祖殿记

丁亥夏月,衢州市柯城区九华乡梧桐祖殿立春祭祀被列为浙江省重点非物质文化遗产保护项目,柯城区文化局即安排修葺殿宇,请衢州市诗词学会诸君撰写匾额楹联,重现春神庙华采。华夏大地唯一幸存之春神庙之幸也,华夏民族民间文化之幸也。

梧桐祖殿中供奉的是中国的春神句芒。句芒原是天帝少昊的儿子,伏羲的属神,他人脸、鸟身,穿白衣,驾两条飞龙,手执圆规,管理春天万物的生长。《山海经·海外东经》载:"东方句芒,鸟身人面,乘两龙。"辅助天帝太皞管理东方一万二千里土地,使民不饥、国殷实、民不夭。

借梧桐祖殿重修之际,感谢衢州市文化广电新闻出版局、衢州市民间文学艺术家协会、柯城区旅游局、柯城区九华乡政府、九华乡外陈村村委会和梧桐祖殿广大信士守望者,在大家的共同关爱下,中华民族文化瑰宝得以保护,重现风采。

公元2007年6月15日农历丁亥年五月初一吉旦。

（撰文：汪筱联；题额书法：刘天汉；承办：余仁洪、龚卸龙）

## 二十四节气楹联、诗

### 1. 二十四节气楹联（叶裕龙作）

#### 立春

天时开首季，东风解冻；

年际跨一分，大地回春。

#### 雨水

方萌未绿处，寻根有约；

乍暖还寒时，润物无声。

#### 惊蛰

蓓缀千枝，花开须往后；

雷惊万物，梦醒正当时。

#### 春分

风和蝶闹，浅粉盈枝俏；

日暖人勤，金黄蔽野馨。

## 清明

祭祖思贤，花素人情重；

踏青赏景，柳黄画意浓。


## 谷雨

杜鹃争艳，欲留春脚步；

秧板竞荣，待写夏文章。


## 立夏

金蜂点笔，橘树凝香雪；

紫燕穿梭，水田绣绮罗。


## 小满

粒粒归仓，香萦千户桌；

丝丝入扣，彩缀万民衣。


## 芒种

稻叶青葱，蛙鼓催梅雨；

榴花红火，汗珠洒麦场。

## 夏至

雨隔田畦，早稻摇新穗；

风生扇底，杨梅艳果摊。

## 小暑

蝉鸣碧树，风静声方远；

稻灌琼浆，穗青粒渐圆。

## 大暑

热汗千珠，如淋三伏雨；

冰心一片，且注半池荷。

## 立秋

碧水如醇，渠网歌犹畅；

骄阳似火，秋装色愈浓。

## 处暑

日披余暑，梨果香盈市；

夜见初凉，凌霄艳出墙。

## 白露

露似珍珠，茉莉薰龙顶；

椒如榴火，虫箫透夜空。

## 秋分

天高气爽，桂赋清秋韵；

水漾人欢，菱藏白玉诗。

## 寒露

云起云收，新棉忙入库；

车来车往，晚稻喜开镰。

## 霜降

芙蓉斗艳，花盛疑春令；

油菜成行，苗青靓暮秋。

## 立冬

醉叶千山，秋风辞我去；

黄柑万树，冬日带香来。

## 小雪

树冠褪绿，叶落层层恋；

茶籽盈机，香流缕缕情。

## 大雪

涓流曲曲，灌田防冻害；

热气腾腾，筑路乘农闲。

## 冬至

寒日匆匆，牛舍添干草；

长宵漫漫，灯光映笑颜。

## 小寒

麦眠野外，雪盖三层被；

蔬绿帷中，棚连十里营。

## 大寒

喜现眉梢，超市挑年货；

冰封池上，霜枝绽腊梅。

## 2. 二十四节气诗（叶裕龙作）

### 立春（二首）

一

杨柳新增又一轮，梅花岭上吐红唇。

长河冰下春潮涌，正待天时造绿茵。

二

生计何如早运筹，神鞭响处赶春牛。

灵霄细雨含情送，佑我今秋胜旧秋。

### 雨水

返青野趣付瑶琴，檐滴玑珠天籁音。

情洒田畴连万顷，东风解冻化甘霖。

### 惊蛰

初雷掠野起波津，拔节繁苞畴色新。

物候推移农事始，一锄一勺最须珍。

### 春分

无边油菜杏桃枝，花放欲晴还雨时。

晒种修犁备耕早，春回地暖我先知。

## 清明

蜂恋桐花柳絮飞，桃红渐瘦鳜鱼肥。

踏青祭扫忙耕种，天道人情两不违。

## 谷雨

种瓜点豆采新茶，风过秧畦拂翠纱。

莫道暮春无好景，山山竞艳杜鹃花。

## 立夏

樱花落尽橘花扬，白鹭相随犁耖忙。

一望水田秧似织，绣成罗缎续春光。

## 小满

桑椹酸甜野菜香，槐花似雪映骄阳。

青青麦穗迎风绽，喜听农人估夏粮。

## 芒种

五月榴花分外红，麦畦黄熟稻葱茏。

夜来雨骤清池涨，十里蛙声入梦中。

## 夏至

水上红莲照镜开，枝头绿叶掩黄梅。

中耕汗湿新抽穗，哪顾蝉呼酷暑来。

## 小暑

日逼长空暑气薰，浓阴绿树自氤氲。

田园晨曲人勤早，愿与天公夺寸分。

## 大暑

炎炎炉火炙平畴，绿卷铺开黄卷收。

夏插百行秋百斗，千金一刻看田头。

## 立秋

莲藕生鲜品嫩甜，葡萄透亮挂珠帘。

嘉禾旺势三伏里，亦喜亦忧秋日炎。

## 处暑

暑浪初平夜见凉，凌霄斗艳挂垣墙。

棉桃吐絮呼云絮，莲子新香盼稻香。

## 白露

荷盘玉露荡晨风，橙橘垂青椒透红。

茉莉秋茶薰桂月，芦花飘过稻花丛。

## 秋分

昼夜均分正爽凉，鸡冠花紫稻微黄。

风光更有怡人处，剪橘枝头手染香。

## 寒露

收来桂子酿新醅，板栗桠间笑作堆。

稻穗沉沉黄熟处，机声突突正巡回。

## 霜降

冬云已近看残荷，篱畔偷闲咏菊歌。

待到三秋忙过后，再挑集市卖肥鹅。

## 立冬

柑子黄时茶籽香，芙蓉满树赋春光。

农家户户酿新酒，枫叶团团着醉妆。

## 小雪

寒雁西风梦里听，如金落叶满园庭。

肥追菜麦乘晴日，花放来年分外馨。

## 大雪

毕竟隆冬待雪时，凌风梅树傲霜枝。

田园保湿防冰害，修渠筑路勿缓迟。

## 冬至

寒天斜日过匆匆，夜话丰年暖意融。

九华农耕文化展示馆内景

数九犁锄未闲置，翻田冻灭越冬虫。

## 小寒

云凝雨雪朔风寒，勤护大棚蔬果繁。

集市归来超市去，精挑年货备团圆。

## 大寒

年夜钟声倒计时，返乡仔妹恐归迟。

檐垂冰柱灯垂彩，灶上蒸笼喜上眉。

## 民俗文化的遗产化、本真性和传承主体问题

### ——以浙江衢州"九华立春祭"为中心的考察[1]

【摘要】在生活中自由自在生存的民俗，一旦成为非物质文化遗产，就必然会受到官方和媒体等外力的影响，变得官方化、商业化，表演色彩也会加重。遗产化后的民俗文化得以本真和活态传承的关键，在于确立一个实实在在的传承主体。民俗的传承，不仅有赖于个体的传承人，而且更加有赖于传承人之后的民俗群体。

【关键词】非物质文化遗产　本真性　传承主体　立春　二十四节气

民俗，是在民众当中流行的生活范式、礼仪习俗和价值观念，带有集体性、地方性、传承性和口头性等特点；它自发形成，形式自由

---

[1] 本文为教育部人文社会科学重点研究基地项目"非物质文化遗产与民间信仰"。
作者：王霄冰（1976—　　），女，浙江省江山市人，德国汉学博士，中山大学中国非物质文化遗产研究中心教授、民俗学专业博士生导师。

自在，可不受文字文本、教条教义、政治制度等条条框框的约束。[1]
一般来说，传统的小型社会，如村落，是滋生民俗文化的最佳土壤，
虽然一项民俗的发生也往往有赖于外界因素的影响。[2]20世纪以
来，随着中国社会的彻底变革，传统农村社会的宗族、村社等组织
走向解体，各类民间民俗活动受到了主流文化的轻视和打压。尤其

---

[1] 这当然并不排除民俗在乡土社会中所担负的类似于礼法的社会制约功能。美国
社会学家威廉·格莱姆·萨姆纳（William Graham Sumner, 1840—1910）在《民
俗：论惯例、风度、风俗、德范和精神的社会学意义》（*Folkways: a study of the
sociological importance of usages, manners, customs, mores, and morals*, Boston:
Ginn and Co., 1906）中认为，民俗虽然"并非人的有目的的、理智的创造"，是
"通过偶发事件形成的"，但"当关于真实与是非的初步观念发展成关于福利的
教义时，民俗就被提高到另一个层次上来了。它们就能够产生推理、发展成新的
模式，并把它们的建设性影响扩及每个人和整个社会。这时，我们就称它们为德
范了。德范是包含了关于社会福利的普遍的哲学和理论内容的民俗，其哲学和
伦理思想本来就蕴藏在其中，民俗的发展使它们从暗示到明确"。引自高丙中：
《民俗文化与民俗生活》，中国社会科学出版社，1994年，第175、182和185页。书
名中的Folkway一词，意为"民间方式"，这里译为"民俗"。

[2] 关于民俗的发生，学术界曾有过多种理论，萨姆纳的民俗自发形成于民间生活
的观点只是其中的一种。与其完全唱反调的则是瑞士人爱德华·霍夫曼–科拉
耶尔（Eduard Hoffmann–Krayer, 1864—1936），认为"民众不生产什么，而只
是再生产"。德国学者汉斯·诺曼（Hans Naumann, 1886—1951）则提出了"沉
降的文化物"（gesunkenes kulturgut）的概念，指的是由上层社会流向民间而在
民间得到传承的那部分文化，与天然成长起来的"原始的整体物"（primitives
gemeinschaftsgut）相区别。参见简涛：《德国民俗学的回顾与展望》，载周星
主编，《民俗学的历史、理论与方法》（下册），北京，商务印书馆，2006年，第
808—858页，其中"汉斯·诺曼和'沉降文化物理论'"一节，见第828—830页。

是在实行改革开放政策的最近三十多年中，中国加剧了现代化的进程，乡土社会的版图日益缩小，作为农村社会栋梁的青壮年农民成群结队地涌向城市，乡村人口稀有化和老龄化现象日趋严重，地方民俗所赖以生存的文化生态渐趋消亡。在这种情形下，如何能将祖先创造的、世世代代流传下来的民间文化保存起来、传承下去，使之成为现代社会的有机组成部分，以保持中华文明的本土特色？这是社会各界所共同关心的问题，也是中国政府发起非物质文化遗产保护运动的旨意所在。

　　然而，由于民间文化本身带有一些与官方正统文化不相融合的特征，各类民俗事项在被认可为非物质文化遗产并受到保护的过程中，往往会经过一个被改造、被包装，或者甚至被重新打造的过程。由此出现的一系列问题也是近年来社会各界有目共睹的，如民俗民间文化的官方化/政治化，即将非物质文化遗产的申报和展演与地方官员的政绩挂钩，民间的事情变成由政府包办，当地民众失去了对于自身文化的自主权；民俗民间文化的博物馆化/物质化，原本活生生的民间活动变成展示馆中静态的图片和实物；民俗民间文化的市场化/商品化，非物质文化遗产变为商家逐利的工具和大众消费品。

　　非物质文化遗产的保护如何才能在尊重民间、保存文化的前提下进行？入围民俗事项的本真性、活态性与承续性如何能够得到充分保证? 笔者以为,一个实实在在、名副其实的传承主体的确立和当事人文化自觉意识的提高,正是解决以上问题的关键所在。以下将以浙江衢州的国家级非物质文化遗产项目九华立春祭为例,根据笔者2012年2月在当地收集到的田野调查资料,来论证这一观点。

**1. 中国古代的句芒神话与立春礼俗**

2011年5月,国务院颁布了《第三批国家级非物质文化遗产名录》(共计191项)和《国家级非物质文化遗产名录扩展项目名录》(共计164项)。由浙江省衢州市柯城区申报的"九华立春祭"和浙江省遂昌县的"班春劝农"、贵州省石阡县的"石阡说春"一起,以"农历二十四节气"为总体名称,被纳入到国家级非物质文化遗产名录的扩展项目名录中(项目编号X-68)。[1]九华立春祭所祭祀的,是古代神话中的木神和春神句芒,祭祀日期设在农历二十四节气之首的立春日(公历2月4日或5日)。

农历二十四节气是古代中国人的伟大发明之一。华夏民族对于由太阳运行带来的节气转换的认知到底源于何时?显然这是一个容易引发争议的问题。[2]胡厚宣、杨树达等老一辈的甲骨学

[1] 参见http://www.gov.cn/zwgk/2011-06/09/content_1880635.htm。

[2] 迄今为止,学者们在对从地下出土的殷商甲骨文的研究中,尚未发现有与节气相关的时间概念。参见常玉芝:《百年来的殷商历法研究》,载王宇信、宋镇豪主编,夏商周文明研究之四《纪念殷墟甲骨文发现一百周年国际学术研讨会论文集》,北京,社会科学文献出版社,2003年,第38—54页。

者，曾研究过一片记录有"四方风名"的商代甲骨（《甲骨文合集》14294）[1]，考释出与《山海经》等后代文献记载基本一致的四个方位的名称和所属的神灵之名[2]："东方曰析，凤（风）曰劦（协）；南方曰夹，凤（风）曰微；西方曰夷，凤（风）曰彝；北方曰宛，凤（风）曰伇。"[3]

周代的四方神灵观念，见于《周礼·春官·大宗伯》。其中提到应以各种不同的玉石制成六样不同的礼器，以供奉各方神灵："以玉作六器，以礼天地四方。以苍璧礼天，以黄琮礼地，以青圭礼东方，以赤璋礼南方，以白琥礼西方，以玄璜礼北方。"[4]《左传·昭公二十九年》中也有关于四方神灵的记载："木正曰勾芒，火正曰

[1] 郭沫若主编，《甲骨文合集》第五册，北京，中华书局，1979年。

[2] 参见胡厚宣：《甲骨文四方风名考证》，《甲骨学商史论丛初集》第二册，成都齐鲁大学国学研究所石印本，1944年；杨树达：《甲骨文中之四方风名与神名》，载《中国现代学术经典·余锡嘉·杨树达卷》之《杨树达卷·积微居甲文说》，河北教育出版社，1996年，第800—807页。

[3] 前人对这片甲骨的转写用字略有不同，这里采用的是今人王晖的释文。该作者在总结前人研究的基础上，认为商代卜辞中虽然"只有春、秋二季的划分，还没有用作季节的夏、冬之称"，"但从四方及四方风的蕴义看，四季的观念应该是产生了"，并引用了省吾的观点认为，这为"由两季向四季的发展准备了一定的条件"。在他看来，由于"季节的变换可根据季风的变化来推定，于是四方季风便被古人视作上帝改换时令的使者"。参见王晖：《论殷墟卜辞中方位神与风神的蕴义》，夏商周文明研究之六《2004年·安阳殷商文明国际学术研讨会论文集》，社会科学文献出版社，2004年，第321—322页和第326页。

[4]《十三经注疏》（附校勘记）之《周礼注疏》卷十八，中华书局，2003年，第762页。

祝融，金正曰蓐收，水正曰玄冥，土正曰后土。"[1]这里已经把句芒和东方联系在了一起。对此，郑玄注曰："礼东方以立春，谓仓精之帝，而太昊、勾芒食焉。"[2]战国末年的《吕氏春秋·孟春纪》亦载："其帝太皞，其神句芒。"高诱注曰："太皞，伏羲氏。以木德王天下之号，死，祀于东方，为木德之帝。句芒，少皞氏之裔子曰重，佐木德之帝，死为木官之神。"[3]关于句芒的神话，则最早见于《墨子·明鬼下》，说他曾替"帝"传话、为有德之郑穆公添寿十九年。他的形象乃是"鸟身，素服三绝，面状正方"。[4]

成书于汉代的《礼记》在"月令"篇中将一年四季的主宰神明加以体系化，其中提到春三月的"帝"为太皞，"神"为句芒；夏三月的"帝"为炎帝，"神"为祝融；秋三月的"帝"为少皞，"神"为蓐收；冬三月的"帝"为颛顼，"神"为玄冥。[5]这里的"句芒"，郑玄注释为："少皞氏之子，曰重，为木官。"[6]

民俗学者简涛曾指出，句芒在古代神话体系中是"神"，而不是

[1]《十三经注疏》（附校勘记）之《春秋左传正义》卷五十三，中华书局，2003年，第2123页。

[2]《十三经注疏》（附校勘记）之《周礼注疏》卷十八，中华书局，2003年，第762页。

[3] 王利器，《吕氏春秋注疏》，巴蜀书社，2002年，第9—10页。

[4]《墨子》，李小龙译注，中华书局，2007年，第116—117页。

[5]《十三经注疏》（附校勘记）之《礼记正义》卷十四，中华书局，2003年，第1352—1360页。

[6] 同上，第1353页。

"帝";他"身为春神、木神、东方之神,又为青帝的助手,他作为一个理想的媒介把季节中的春天、五行中的木、方位中的东方和五帝中的青帝连接了起来,构成了立春迎气礼仪中的完整象征系统"。(见表1)[1]虽然其中的某些元素出自上古,但这一理想化的系统的形成不可能在汉代之前,而是在两汉时期所盛行的天人相应和阴阳五行观念影响下才得以完备起来的。不仅如此,就是立春祭祀的礼仪习俗,起源也应在汉代,其礼仪设计所依据的主要是《礼记·月令》中的有关设想,并基于西汉时期的郊祀礼。[2]汉代的立春礼俗虽然吸收了民间的"出土牛"习俗,但和官礼的迎气礼属于互不相关的两个部分。立春迎气礼在东郊进行,参加者的服饰以青色为主,句芒以青帝的助手身份出现,也是祭祀对象之一。同时,京城和各地要在城门之外设置土牛和耕人,向广大百姓报春,以示劝农之意。

东汉以后,一直到清代,立春礼俗在各代都有延续,但每个时期的表现形态有所不同。例如,唐代的立春礼仪不再像汉代那么庄严肃穆,而是多了些欢乐色调,增加了像皇帝赏赐大臣春花这样的节庆内容。[3]"出土牛"的习俗也有所改变,耕人变成了策牛人,策

---

[1] 简涛,《立春风俗考》,上海文艺出版社,1998年,第41页。

[2] 同上,第23页。恰如作者所言,像《礼记》这样的著作不能被当成史书看待,其中的种种描绘多属理想性质的设想,而非对于事实的记录。

[3] 同上,第67页。

## 表1　东汉立春迎气礼仪的象征系统

| 季节 | 五行 | 颜色 | 五帝 | 方位 | 神明 |
|------|------|------|------|------|------|
| 春 | 木 | 青 | 青帝 | 东方 | 句芒 |
| 夏 | 火 | 赤 | 赤帝 | 南方 | 祝融 |
| 立秋前十八日 | 土 | 黄 | 黄帝 | 中央 | 黄灵 |
| 秋 | 金 | 白 | 白帝 | 西方 | 蓐收 |
| 冬 | 水 | 黑 | 黑帝 | 北方 | 玄冥 |

牛人和土牛的相互位置被用来象征立春节候的早晚，而且出现了官员杖打土牛的仪式性行为。这些都应是后世"扮芒神"、"鞭春"等立春习俗的源头。由人扮演的"芒神"取代耕人或策牛人进入"出土牛"礼仪，应是在南宋时期才出现，且"很可能是由于迎气礼衰微或者废止的缘故"。[1]到了明代，朝廷制定了相应的礼规，从礼制上确立了芒神的地位。

到了民国时期，政府取缔传统夏历（农历、阴历），改用西历（公历、阳历），立春不再是一个官方认可的节日，立春的官方礼俗也从此彻底消失。但在一些地区的民间，却依然流行着在立春日迎春、鞭（打）春、吃春饼（春卷）等习俗。到了1949年以后，由于意识

---

[1]　简涛，《立春风俗考》，上海文艺出版社，1998年，第87页。

形态的原因，这些习俗也不流行了。作为二十四节气之一的立春虽然还常常被感知，但它作为一个古老的农事节日的属性却已被逐渐淡忘。中国人有关青帝、句芒、春牛的记忆和情感已十分淡薄，扮芒神、鞭春牛、吃春饼（春卷、生菜）等立春习俗真正变成了历史的"残留物"，仅见于一些偏远的乡村和特殊的人群当中。[1]位于浙西山区的九华乡外陈村，因拥有一座供奉句芒的梧桐祖殿并保留有一些立春古俗，可谓是国内现有保留立春民俗文化最为完整的一处。

## 2. 梧桐祖殿及其立春祭祀

九华乡位于浙江省衢州地区的西北部，距离城区大约9.5千米。此地有山有水，风景秀丽，古属浮石乡，民国9年（1920）改称毓秀

[1] 20世纪90年代，简涛曾就立春习俗的传承情况做过调查。他得出的结论是："即使在民间，大陆许多地区也不再把立春作为节日，不再举行节庆活动，而只是把立春作为一个节令。各级政府只是把立春作为农业节令，作为春耕生产的开始而予以重视。"因此，当代的立春民俗"只是一些零星的民俗事象，并且只限于某些地区，无论是事象的规模还是流行的范围都不能与清代立春民俗相比。它们只是清代立春文化的残留"。在探讨立春习俗式微的原因时，作者认为并不能完全归咎于外界原因，也与节日功能本身的转换有关，"今天立春不再作为一个节日，人们甚至失去了立春迎春的观念，却不是由于立春文化变迁的突变造成的，而是由于它的渐变造成的。这里一个重要的原因是立春节日功能转移。立春不再作为一个节日庆祝，它的功能已经被另外一个重要节日所取代，这个节日就是春节，也就是中国的传统新年。立春的民间习俗也部分地转移到了春节的习俗之中"。参见简涛：《略论近代立春节日文化的演变》，载《民俗研究》，1998年第2期，第58—72页，引文出自第68、69页。

乡，民国28年（1939）才改名九华乡，大约因临近当地的九华山而得名。[1] 该乡行政上归属衢州市柯城区，现有面积82.32平方千米，乡民2万多人，分35个行政村。外陈村是其中之一，有212户、632人，近年来由于青壮年外出打工较多，村里常住人口只有280多人。村民多属苏、傅、王、龚四大姓，前两姓居多，迁来时间也较早，据说来自福建。四姓都拥有自己的族谱，村中尚有苏氏和傅氏两个宗厅，供宗族活动之用。

　　位于村口的梧桐祖殿是村中唯一的庙宇，里面供奉的主神就是中国古代神话中的春神和木神句芒。现有一个偏殿，供奉的是佛祖的雕像。该建筑在民国22年（1933）曾经大修，1949年后遭到较为严重的毁坏，一度被用作村里的木材加工厂和碾米厂。2001年，一个名叫汪筱联（1943年出生）[2] 的当地人在帮助柯城区旅游局进行旅游资源普查时，偶然发现了这幢老房子，见它有三扇门，不像是一般的民居，就猜是座古庙。当他刮去覆盖在老屋门额上的黄泥时，便看到了"梧桐祖殿"四个大字。后听村里老人讲，这是梧桐老佛殿，"文化大革命"时里面的神像已被毁弃，他们只记得小时候村里每

---

[1] 有人称衢州的九华山为小九华山，以区别于安徽的九华山。

[2] 汪筱联原为衢州市建筑器材公司总经理，从早年开始就喜爱研究当地的地理、民俗与传统文化，有《峥嵘山志》（与叶裕龙合著，中国文史出版社，2010年）、《毓秀九华（中国衢州）》（衢州日报社，2011年）等著作。

年都要在此举行立春祭和中秋祭，里面供奉的"佛像"长着一对翅膀。根据这一线索，汪筱联便推断村民们相传的"梧桐老佛"就是春神句芒。[1]

此后，在汪筱联等人的呼吁下，木材加工厂和碾米厂终于在2003年从庙内搬走。村民们自发捐款，凑了三四万元钱对梧桐老佛殿进行修缮。当时负责这项工程的就是现任外陈村支部书记龚元龙的弟弟龚卸龙（1965—2008）。在复原春神像时，他们参考了各类古代文献中有关句芒的记载并加以汇集，如前面提到的《墨子》中的描述和《山海经·海外东经》中的"鸟身人面，乘两龙"的说法，[2] 从而把他塑造成了一个长方形脸，身穿白衣，驾驭两龙，背上有一对翅膀，右手举着圆规，左手握着装有五谷的布包的人物形象。

主殿采用这一带典型的民间建筑格局，当地称"三间六"，即分为上、中、下三堂，两边可各隔出三间（普通人家用门板隔开，在宗祠、庙宇中则不隔），共得六间房。中间部分为上堂、中堂（天井）和下堂。梧桐祖殿上堂中部的神坛供奉上述句芒塑像，主神左手边的祭台上摆放着三尊大小不一的关公像，右手边则是尉迟、蔡、杨、茅

---

[1] 李啸、姚宏东、江毅丹，《春天来了，梧桐祖殿立春祭》，《衢州日报》，2012年2月6日，第7版。

[2] 参见袁珂：《山海经校注》，上海古籍出版社，1980年，第265页。

四位灵公的雕像。[1]在他们背后的墙上，分别描绘着"风"、"雨"、"雷"、"电"四位神灵以及"富"、"贵"和两位天王的形象。大殿左右两边的墙壁上，绘有二十四节气主题的壁画，作为装饰。天井的井边照例放着一盛满水的水缸，表示钵满盆满。下堂是两层的戏台，正门就开在台后。因为台不高，所以大人进门后都必须躬身穿过台下的走廊。对于村民们来说，这个设计正好用来强制人们在神灵面前低头，以示恭敬之意。

　　位于外陈村村头的梧桐祖殿，背面靠山，前面也望山。隔着街道和田地，山脚下流淌着一条名叫"庙源"的小溪。顺着小溪沿路而上，途经与外陈村毗邻的三皇殿村，[2]就会走进一个名叫"石娲"的

[1] 据国家级非物质文化遗产九华立春祭代表性传承人汪筱联介绍，四位灵公都是历史上与衢州有直接关系的伟大人物。尉灵公即唐代大将尉迟恭，历史上有尉迟恭督造衢州城墙的传说，被百姓们尊为衢州地方保护神。蔡灵公是汉代发明造纸术的蔡伦，因为衢州周边多山地，竹产丰富，能为造纸提供丰富的原材料。杨灵公为唐代衢州盈川县县令，他为祷神降雨，在盈川潭边跪求上苍降雨无果后跳入枯井。茅灵公在山东任职期间公正廉明，深受民众拥护，衢州村民到山东做生意，因画像上的"茅灵公"托梦给他说，有人想谋财害命，使他免于一死，因此回到家乡后塑像供奉。关于四位灵公的姓名和身份，衢州市博物馆副馆长占剑的说法有所不同。他认为这四位灵公原本是在当地民间备受崇拜的西周徐国国君徐偃王的从神。

[2] 三皇殿村村头原有一座"三皇殿"，过去（具体时间不详）供奉的是上古传说中钻木取火的"燧人氏"、"轩辕氏"（黄帝）和"神农氏"（炎帝），当地人称"三朝天子"。这一庙宇已遭毁坏。

山谷，半道上可以找到梧桐祖殿的原址。原址已无建筑，只在树木草丛间隐约可以辨识出一个用石头垒成的平台。人站在这里，面对着一座郁郁葱葱的名为"梧桐峰"的山峰，和山脚下一条清澈、奔流的山涧，初春的太阳正好从山坡的斜角探出头来，暖洋洋地照在当头，丝丝回暖的地气氤氲在脚跟，草木间一股春的气息将你团团围住，真有一种如沐春风般的美妙之感。"风水"如此之好，无怪乎古人会在此选址建造春神殿了。

然而，当地人对于梧桐祖殿的来历，却有着自己的说法。据汪筱联解释，当地人之所以称春神殿为"梧桐祖殿"，是因为古谚有云："家有梧桐树，引得凤凰来。"凤凰非梧桐不栖。句芒鸟身，原是凤鸟氏族，凤鸟就是凤凰。相传古时外陈村境内的山岭主峰上多梧桐树，被句芒看上了，便在这里居住下来。从此，山上梧桐树及其他树木都长得越发茂盛。山民感恩，便在梧桐峰上盖起了一座庙宇，用一根巨大的梧桐树根雕了一个神像供起来，称之为"梧桐老佛"。后来为何搬迁到了山下呢？原来，在梧桐峰对面的天台峰上还居住着一对修炼成仙的兄弟：赤松子和赤须子，他们是神农氏的雨师。赤松子小时放羊出身，成仙后仍在天台峰上养了一群羊，而且任其繁育而不食用，最后变得像天上的云朵那么多，把原本长满百草的山坡吃成了个秃头山。木神句芒看了十分心痛，就和赤松子暗中斗法，让天台峰上只长乔木和毛竹，不长百草。赤松子赶着羊群想到别处去，句芒就让在移动的羊群前突然长出一片密密的乔木，好像木栅似的挡住了羊的去路。但赤松子在晚上还是偷偷地把羊群赶到石梁方向的治岭山坡。谁知句芒又让这里不长羊吃的草。赤松子只好命令羊群进入"冬眠"状态，都变成白石头，等山上长草后再还原成白羊。赤松子的哥哥赤须子，不想让他们斗下去伤了和气，以致连累到百姓，就出面调解。他劝弟弟不要再养羊，让那些白羊永远成为石头。而农家可以养些羊供人食用，这样数量不会多起来，平时又可听到羊羔的悦耳叫声。赤松子顺从了哥哥，他的羊就永远成了满山的石群。赤须子又劝说木神句芒不要再一个人住在梧桐峰了，不如搬到山下水口那片平地上，造一所大殿，将"三皇"、"五官"都请来，大家居住在一起。句芒依允了。可怎么搬呢？赤松子是雨师，一天他让梧桐峰上突然下起暴雨，将山中的梧桐庙冲倒了，"梧桐老佛"也顺着山洪漂流到山下，只在水口的波涛中打着旋转。正当许多村人在围观这一奇怪现象时，一位过路人劝他们赶快下水打捞，并说这是"梧桐老佛"的意思，因山庙太小，要大家在此为他盖一所大殿居住，就叫"梧桐祖殿"。原来这个人就是赤松子神仙所化。当地人听了他的话，就真的就地建造了这座"梧桐祖殿"。[1]

---

[1] 参见汪筱联、邹耀华撰稿，于红萍整理：《衢州梧桐祖殿立春祭祀——立春祭祀申报"人类传说及无形遗产著作"的依据和理由》（内部资料，由衢州市文化广电新闻出版局提供）。

　　虽是神话故事，却也能透露出一些接近事实的信息：一是梧桐祖殿确为春神句芒而建，原为一座山间小庙，后来因洪水冲垮了这座庙宇，将句芒塑像冲到外陈村村口，所以当地人才为他就地建造了新的庙宇。二是在迁址后的梧桐祖殿中，原本或许还有"三皇"、"五官"（疑为"三皇五帝"）等神位，但这些在近年新修的殿堂中，已被关公和四大灵公的塑像所取代。

　　为恢复梧桐祖殿的立春祭，汪筱联等人还整理出了一些有关当地立春习俗的资料：[1]

　　　　立春日，俗称"接春日"、"开春"，这天人们起床后的第一件事就是翻看历书，查明交春的时刻。人们把一株新鲜的黄芽菜植在盛满细沙的大碗里。碗里插有一面长条形的红纸小旗，旗上写着"迎春接福"四个字，碗的后面放着一杯清茶。然后把桌子搬到天井里，插香点烛。等红烛燃完后，再将黄芽菜移植于菜地或花盆中，表示春天到了，生气勃勃、万象回春。[2] 这一日，"报春人"要挨家挨户上门送

---

[1] 参见汪筱联、邹耀华撰稿，于红萍整理：《衢州梧桐祖殿立春祭祀——立春祭祀申报"人类传说及无形遗产著作"的依据和理由》（内部资料，由衢州市文化广电新闻出版局提供）。

[2] 一说天刚破晓，家家就要拿香、纸、肉、豆腐干等到各自田里去祭拜。参见李啸、姚宏东、江毅丹：《春天来了，梧桐祖殿立春祭》，《衢州日报》，2012年2月6日，第7版。

《春牛图》，即一种木刻印刷的民间版画。家家将《春牛图》贴于中堂，上面印着"风调雨顺"、"国泰民安"等吉语。《春牛图》一般以红纸黑线版为主，也有套色彩印的。它的图式象征着节气的早晚。如果有牛倌手提绳子牵着耕牛，意为当年农时节气迟，耕牛较空闲；有牛倌手提竹鞭在耕牛后面赶的，意为当年农时节气紧，耕牛特别忙；有牛倌骑在牛背上横笛的，意为当年风调雨顺，年成特好，等等。《春牛图》除了预卜一年的农业丰歉外，还要标出年中的生产节气和潮水涨落的时辰。

过去立春日在衢州府城要由地方官率僚属迎春于东部，"出土牛"行"鞭春礼"，称"打春"。鞭打完毕后，老百姓一拥而上抢夺牛身上的土，谓之"抢春"，以抢得牛头为吉利。俗传抢到牛身上的"肉"，养蚕必丰收；抢到牛角上的土，庄稼必丰收；抢到牛肚子里的粮食，就预示着这一年五谷丰登，粮食仓满囤流。民间还流传土牛身上的土是天赐的灵丹妙药，只要用布包上它在病患处摩擦摩擦，病马上就好。所以每年都会发生为"抢春"而在拥挤踩踏中损伤身体的事件。立春日在梧桐祖殿也举办庙会，有迎春（敲锣打鼓迎接春神）、探春（外出踏青）、插春（采集松枝翠柏等插在门上）、戴春（儿童将柳枝编成环状戴在头上）、尝春（"咬春"、"吃春盘"、食用新鲜蔬菜）、"迎春牛"等习俗。所谓"迎春牛"，就是用竹篾扎成牛形，糊上彩纸，脚下装小轮，身上披红挂彩，由一乞丐扮成"牧牛太

岁"，迎春祭毕，牵着牛沿街游行。队伍打着旗子，敲锣打鼓。小孩子
用七粒（或六粒）豆子系在牛角以避痘灾。庙会期间还进行投壶、击
鼓传梅、踩高跷、竹马灯等游戏娱乐活动。梧桐祖殿的戏台上要连演
三天三夜的大戏。其他节日如春节、元宵、二月二、清明、端午、中秋、
重阳、冬至等也要在殿内演戏，并邀请亲朋好友来做客助兴。节日小
吃则有春饼、春卷、米粿、米糊等。

### 3. 2012年（壬辰年）九华立春祭仪程

外陈村从2004年起开始恢复立春祭祀的仪式，主要由村里自行组
织。2012年立春祭祀是九华立春祭被列为国家级非物质文化遗产之后
的第一次，当地各级领导格外重视，由柯城区教育体育局（文化局）一
位主管副局长亲自把关。媒体也给予了高度关注，除电视台、报纸进行
现场采访报道之外，"衢州新闻网"还对祭祀仪式进行了网络直播。[1]
为迎接祭典，村民们提前好几天便开始忙碌。梧桐祖殿被打扫一新，门
口贴上了新的春联："黄道轮回，四时节令从今始；春神下界，千树梅花
报喜来。"殿门口则挂上了一排排红色的大灯笼，里面堂上挂起了二十四
个代表二十四节气的小灯笼。句芒的祭台前贴着写有"迎春接福"的红
纸，旁边摆着一只竹制的身裹绿绸和红巾、头戴大红花的"春牛"。厨房
里准备了好几百斤的大米和成箩成筐的白菜、萝卜、豆腐等，以备招待工

[1] http://news.qz828.com/system/2012/02/03/010435143.shtml。

作人员和来宾香客之用。为确保仪式顺利进行，村委会还在2月3日专门把老老少少的村民召集起来彩排，里里外外忙得不亦乐乎。

2月4日9时，祭祀开始之前，先在梧桐祖殿大门外举行了授牌仪式，由柯城区宣传部长致辞，浙江省文化厅"非遗"处处长和衢州市文化广电新闻出版局局长为国家级非物质文化遗产九华立春祭授牌，柯城区副区长接牌。之后全体进入大殿，大约9时18分左右，祭祀开始。担任司仪的是村委会主任傅亦武，主祭为村支部书记龚元龙，陪祭的是两位年轻村民傅洪民和吴海根。由于场地狭窄，村委会对入场人数进行了严格控制，只有几十名村民代表在场，分老中青三拨，从年长到年幼且男女对称地分列在上堂和天井的两边。年长者都穿着平常的服装；青壮年要参加抬佛巡游活动的，则穿黄色绸服，裹黄巾；儿童（共八男八女）都穿着绿衣绿裤，头戴竹枝编成的花环，脸上化了妆。

仪式开始时，先在户外燃放鞭炮，奏乐。然后分成三大拨向春神献礼：第一拨为公共的祭品，有二十多样，分别装在漆成红色的木盘里或直接摆在案前，祭品包括饭甑（即在木制的饭桶里将蒸好的米饭攃成高高的像小山一样的模样，表面压入一排排红枣，上盖红色剪纸，并插上一枝翠柏作为装饰）、牛头（当日用猪头代替）、猪头、羊头、清茶、苹果、香蕉、橘子、桂圆、金橘、蛋糕、红糕、芙蓉糕、油爪（江米条）、麻球、年糕、粽子、青粿、青菜、五谷种子、甘

蔗，还有梅花、松柏枝和一对大蜡烛等。第二拨是由领导和来宾敬
献给春神的花篮，都已提前摆在了大门口，届时只象征性地把其中
两个抬到祭台上。第三拨是村民们自发准备的祭品。当日有四十多
名男、女长者排着队、有序地献上了自家的装有祭品的竹篮或木盆，
其内容和摆设大同小异：一条肉、一株青菜、两个粽子、一杯开水、
一碗米饭（也要压成像小山的形状，嵌上红枣）、两条年糕、青白米
粿、水果、糕点等，上面同样用红色的剪纸和翠柏枝条装饰起来。因
当日的交春时刻是在黄昏的18时22分，所以祭品一直要摆放到交春
仪式结束之后才能收回。

祭品、鲜花献完后，由主祭、陪祭和群众代表到天井的香炉前
焚香祭拜。之后主祭宣读迎春接福祭词。词曰：

四时复始，万象更新。金龙报喜，岁序壬辰。木神下界，大地
回春。调风度雨，惠泽民生。自然和谐，天道遵循。十龙治水，七牛
躬耕。天泰地泰，寿臻福臻。三衢大地，物阜风淳。国强民富，五谷
丰登。

仪式的最后一项，是由陪祭导唱祭春喝彩谣。其形式是陪祭喊
一句话，在场所有人就接一声"好啊"。共有八句：

壬辰立春，金龙报喜普天庆。——好啊！

春回大地，周而复始万象新。——好啊！

迎春接福，天泰地泰三阳泰。——好啊！

春神护佑，世荫福祉惠万民。——好啊！

春色满园，沃野千里江山好。——好啊！

春风浩荡，国泰民安遍地金。——好啊！

春华秋实，风调雨顺粮仓满。——好啊！

春赐万福，人寿年丰万家欣。——好啊！

殿内仪式在大约9时40分结束，其后众人移至殿外的一块地头，观看"鞭春牛"仪式。"春牛"是一个名叫王六古的村民提供的，因此也就由他本人驾驭。老人穿着蓑衣，戴着斗笠，扮演着人们印象中的"老农"形象。而鞭打春牛的"芒神"，却不像古礼所规定的那样由男童扮演，而是由一个12岁的少女来装扮。她头扎发髻，披一件白色斗篷，装束并未完全依据张贴在殿前的《壬辰年立春交春、芒神、春牛图》。[1] "芒神"一边象征性地鞭打牛的头部、左身、

[1] 纸上写道："壬辰年交春：二〇一二年二月四日，正月十三18时22分为交春时刻，鸣放鞭炮，焚香行祭礼迎春。壬辰年芒神：芒神孩童像，身高三尺六寸五分，系行缠鞋绔全，平梳两髻在耳前。本年是农晚闲，芒神与春牛并立左边也。壬辰年春牛：二〇一二年（壬辰年）春牛，身高四尺，长八尺，尾长一尺二寸，头黑，身黄，腹黑，角、耳、尾青，膝胫黄，蹄白，青牛口开，牛尾左缴，牛笼头用丝。"

右身、尾部和背部，一边口中念诵："一鞭春牛，风调雨顺；二鞭春牛，幸福安康；三鞭春牛，三阳开泰；四鞭春牛，万事顺利；五鞭春牛，五谷丰登。"

古俗中的"抢春"仪式没有进行，取而代之的是将糖果、花生等分撒给观望的人群。前任村支部书记傅生耀提了两篮祭品，代表村民们在田头焚香烧纸，祭拜天地。王六古开始来回犁地，之后傅亦武和傅生耀一个在前平地，一个在后播种，并将几株小青菜整齐地种到地里。此时，有人在地头放起了鞭炮。在一片硝烟弥漫之中，穿着黄色绸衣的村民们抬着纸糊的春牛、关公和四大灵公的坐像来到殿外，后面跟着一条绿色的长"龙"。他们在广场上转了几圈之后，就开始浩浩荡荡地沿村巡游。在事先约好的一些人家门口，他们停下来，让神灵们接受祭拜。村民们把盛有整套祭品的篮子摆出来供奉，并将事先准备好的红包放在牛头上和神灵们脚跟的"功德箱"里，[1] 然后焚香烧纸，为家人祈福。等祭拜结束，他们会把祭品拿回家去给孩子们吃，因为他们相信，这样孩子们会长得"蛮气"（壮实）些。

跑在巡游队伍最前面的，还有一位"报春人"。他手中拿着一叠红纸，每到捐过钱、做过奉献的人家，就贴一张在门口或墙上，或

---

[1] 据一个老村民介绍，他给五位神灵各捐了十元，他女儿又捐了十元（也许是给春牛的），总共捐了六十元。

直接交到主人手里。红纸上的文字为"九华乡外陈村梧桐祖殿祭祀",下有两幅图,一幅是春神像,上方写着"新春大吉",左右分别写着"风调雨顺"、"国泰民安";另一幅是儿童在日光下、田地里鞭打春牛的图像。文字部分主要介绍梧桐祖殿及其"立春大典",并告知"今年的'立春祭祀'将于农历正月十三上午九时在外陈村隆重举行。届时将有知名婺剧团来梧桐祖殿连演四天大戏。欢迎社会各界人士即时前来同庆,共同祈福"。最后还有乘车路线和下车地点。显然,这是本次活动的宣传传单,在巡游时则被用来"报春"了。

巡游队伍在本村转完一圈之后,吃过午饭,又到临近的各村去继续巡游,直到下午三点多钟才回到梧桐祖殿。殿里中午摆满了饭桌,香客们可以免费用餐。饭桌上坐不下的就领了盒饭到外面找地方吃。饭是白饭,菜以白菜、萝卜为主,都是素食。当天来拜神和看热闹的估计有上千人,庙里摆放的功德箱也收了几千元的捐款。加上一路巡游的红包"收入",估计总共有上万元。

以上这些仅仅只是"迎春"的前奏,因为当天交春的时刻是在黄昏。这时,来宾都已离开,香客也大都散去,只剩下外陈村的村民和他们的亲朋好友。时辰到来之前,殿门紧闭。时辰一到,殿门即被打开,在一群打着灯笼的儿童引领下,手拿香烛的村民们一涌而出,纷纷在殿门口点上蜡烛,焚香烧纸,迎接春神降临。一时间,鞭炮

大作，烟花四起，几位村民代表捧着两枝象征"春天"的树枝回到殿中，将它们摆在祭台前。在殿中祭拜之后，仪式才告结束。之后戏台上好戏开场，以飨春神等各位神灵。

### 4. 对"九华立春祭"本真性的探讨

九华乡外陈村梧桐祖殿立春祭祀与相关习俗原本是一种地方性的民间文化，但在20世纪中国社会大变革的冲击之下，已被当地民众抛弃和忘却，只剩下了一些零星的记忆。2004年修复梧桐祖殿时，由于当地人只记得里面供奉的是"长着一对翅膀"的神，所以现在的句芒塑像所根据的完全是汪筱联等人的推测和考证。包括当代的许多立春节俗，显然也参考了古书的记载和来自其他地方的民俗志，而并非完全以村民的回忆或当地的民俗文献为依据。在前往考察梧桐祖殿遗址的路上，笔者特意向两位陪同的村民打听了"梧桐老佛"迁址的故事。其中一位尚能较为完整地讲出，不过版本和汪筱联等人撰写的文本相当接近，所以很可能是从他们那里得知的。另一方面，由于立春礼俗和相关的神灵信仰在全国各地都已基本消亡，目前只在偏僻的外陈村，还留有这么一座春神殿及与立春相关的习俗，所以它申报成为国家级非物质文化遗产也是理所当然的事。

进入非物质文化遗产名录也使外陈村梧桐祖殿的立春祭祀和习俗发生了一些根本的变化。

　　首先是外陈村梧桐祖殿的立春祭祀被冠以一个原本没有的正式名称——九华立春祭。地方性的民俗文化在迈向公共化和遗产化的过程中，更名往往是必经的步骤。梧桐祖殿立春祭之所以不用"外陈"而用"九华"命名，大约是为了照顾到九华乡对于外陈村的行政管理关系。正所谓"县官不如现管"，笔者在调查中也注意到，村里在做各项决策时对于九华乡政府这一直接领导十分尊重，事事都要请示，不敢有所逾越。而在外陈村与柯城区文化部门的沟通方面，九华乡也确实能起到穿针引线的作用。

　　其次，祭祀仪式的官方色彩有所增强，民间信仰的宗教色彩相对减弱。因为各级官员的参加和授牌仪式的举行，村民们意识到了官方的在场，所以在操办祭典时会主动地去模仿当代官礼的一些形式，比如发放专门制作的参祭牌，增加"敬献花篮"这样的礼节，并由村中少女担任礼仪小姐引领嘉宾，让儿童们化上妆、集体朗诵《春晓》等诗歌作品，等等。这些在近年来公祭典礼上常见的套路，都被搬用到了祭典当中。与此相反，一些被认为是宗教迷信的行为则被去除或遮掩了起来。2月4日下午，殿门口突然张贴出了一张红纸，上书一大大的"忌"字，并写道："正月十三下午祭台。生肖属鼠、牛、狗者回避。孩童适时回避。祭台时间：16：00—18：00，特此告知。"从落款时间"2012年2月1日"来看，这是一个早就拟好的除秽仪式，但之前却没有通知，想必是不想引起外人注意。听村支部书记介绍，他本想阻止这个行为，但老人们坚持说，老戏台多年不唱戏，不除除晦气不行。笔者听到这个消息自然非常兴奋，连忙跑到殿中守候，但村支部书记亲自来劝笔者离开，跟他去用晚餐。笔者想辩驳，说自己不属鼠、牛、狗，看看没关系，而且也从来没看过"祭台"，很想一睹为快。但村支部书记还是不让，说笔者的生肖虽然没问题，却没有达到可以参观的年龄（只有老人才可观看），所以最好还是离开。出于礼貌，笔者只好顺从了。后来从村民口中听到一些祭祀的情况，好像是类似于傩祓一类的仪式：表演鬼神者要到乱坟堆里化妆，戴上面具，然后在戏台上舞蹈，并用鸡血祭台。之后有追赶仪式，即让村民把鬼神驱逐出村外，后者在没人的地方卸妆，把鞋子扔掉，换上别的鞋子回来，就算是阴魂消散、万事大吉了。因为有鬼魂出没，小孩（包括青壮年）和上述三个生肖的人容易为其所害，所以才有此禁忌。尽管如此，笔者还是怀疑，村支部书记不让笔者在场的原因多半是出于他的顾虑，而不是因为年龄。也许在他的心目中，这样的"迷信"仪式与非物质文化遗产的名号格格不入，所以最好不要公开，以便产生不良影响。可见，当民俗成为公共的文化遗产之后，即便行政部门不直接干预，承载它的民众群体也会进行自我监控，尽量让仪式及其背后的信仰意义能与现时代的主流意识形态相符。

第三，仪式的表演性增强，民间活动的随意性减弱。2月3日，村中老人们都提着空篮子，在殿里一遍又一遍地排练怎样入场，怎样把祭品整齐地摆放到祭台前，然后怎样有序地退场。儿童们都化了妆，穿上统一的服装。敬献祭品和抬佛巡游的男人们也穿上了统一制作的绸衣绸裤。扮演"芒神"的男童由少女顶替，大概是因为女孩相貌俊秀、声音清亮的缘故。仪式行为也相对地集中到了梧桐祖殿周围，每家每户的活动明显减少。大家整天都在殿里帮忙，三餐也在殿里吃，原来以家庭为单位举行的"插春"、"咬春"和到自家田头祭拜等习俗也就自然而然地遭到了冷落。

德国学者汉斯·莫泽（Hans Moser）在20世纪60年代曾提出"民俗主义"（Folklorismus）的概念，批评的是"在旅游业的影响下和由于大众传媒的需求，习俗由经常是非常简单的表演形式而转向夸张的色彩斑斓的表演形式"。[1]其后发生的德国民俗学界的相关讨论主要聚焦于四个问题："①过去的民俗之面向观众和当前的民俗主义之作秀效果之间的区别；②恰恰经常被民俗主义的当事人所征用的"真实"这一范畴的可疑性，以及与此相应的对不真实的伪民俗加以排斥的问题；③民俗学对民俗主义——在多数情况下属非自愿——的贡献；④在对美好的古老的过去进行安抚性展现的民俗

---

[1] 引自鲍辛格：《民俗主义》（Folklorismus），载《童话百科全书》第四集（Enzyklopaedie des Maerchen: Handwoerterbuch zur historischen und vergleichenden Erzaehlforschung IV），第1406—1407页。

主义在政治上的可被利用性。"[1]由此可见,原始意义上的民俗自身
也带有表演的特征,具有服务于地方政治和经济的功能。但相比之
下,民俗主义行为的表演性和功利性更为强烈也更加明显,几乎已
从仪式性的表演转化成了迎合游客和媒体的炒作与作秀;一些民俗
主义者借助民俗学的研究成果,打着"真实"的旗号,贩卖着最不真
实的"二手民俗",使其为政治、商业、旅游等其他目的服务。[2]

　　九华立春祭的最初发现,也与当地开发旅游业的动机有关。在
立春祭祀与习俗的恢复过程中,当地的文化人像汪筱联、已故衢州
民间文艺家协会主席崔成志、衢州市诗词楹联学会副会长叶裕龙等
都发挥了极大的推动作用。他们为村民们重新"发明"仪式提供了专
业咨询。但在由他们整理的"申遗"资料中,历史的和现代的、全国
的和地方的、神话的和真实的信息全部融汇在了一起,且都被作为
"历史的真实"对待,让人一时难辨真假。最后,九华立春祭被当地
政府的文化部门看中,并推荐申报成为省级和国家级的非物质文化
遗产,祭祀由此也染上了官方色彩,或多或少地为地方政治所利用,
比如乡政府的官员们就难免会把这场仪式当成是自我展示和引起

---

[1] 引自鲍辛格:《民俗主义》(*Folklorismus*),载《童话百科全书》第四集
　　(*Enzyklopaedie des Maerchen: Handwoerterbuch zur historischen und
　　vergleichenden Erzaehlforschung IV*),第1407页。
[2] 语出汉斯·莫泽。参见王霄冰:《民俗主义论与德国民俗学》,《民间文化论坛》,
　　2006年第3期,第100—105页。

领导和媒体关注的机会。那么，我们由此是否就可以给它戴上一顶"民俗主义"的帽子，而对其本真性不产生怀疑呢？

笔者根据自己的参与观察，认为今天的九华立春祭与德国学者所批评的"民俗主义"现象还不能同日而语，这是因为到目前为止，它所受到的外力干预与影响还是比较有限的。其中最关键的一点，就是它的传承主体并未发生转移。在整个活动中，外陈村的村民始终担任主角，其中直接在活动中负有职责的主动参与者有近二百人，包括不少平时在外打工的青壮年。[1]再者，村民们祭祀春神、"迎春接福"，为自己、为家人，也为国家祈福、祈寿、祈财、祈年的中心主题也没有改变。人们在准备祭品、参加排练和祭祀时都带着虔诚和敬意，包括被化妆好的朗诵诗歌和喧嚷"春来了"的儿童们，也是一腔真诚，不带丝毫做作的成分。当然，为了给外人留下一个美好的印象，村民们也会以他们自身的理解尽量把仪式举办得体面一些，把自己认为阴暗的部分遮盖起来，把儿童们乔装打扮后推到前台来表演，等等，但这些都还在适度的范围之内，尚属民俗本身所带有的面向观众的仪式表演性使然，不能被指责为是炒作和作秀。

---

[1] 其中最远的一位来自卡塔尔。他告诉笔者，自己出国已有6年，早就听说村里恢复了立春祭，这次回家过年正好赶上，感觉非常幸福、自豪。为了出份力，他自愿报名，替村委会用私家车接送往来客人，并在祭祀日担任维持秩序的工作。

由此，笔者得出结论认为，只要有一个实实在在的传承主体存在，其中成员的文化主体意识并未丧失，非物质文化遗产的本真和活态传承就可以得到保证。所谓的传承主体，指的是传承人背后的那个集体，它和传承人的关系，应是民众群体及其代言人的关系。

以外陈村为例，国家级代表性传承人目前只挂着汪筱联一个人的名字。当地的文化部门正准备将龚元龙这样的本村主事者也报批为传承人。还有傅洪民、吴海根等年轻一代的村民，也将作为后备人才得到培养。乡政府和村委会也在筹备建立一个非宗教性的民间组织（协会），专门负责管理和推动梧桐祖殿和立春祭的运营。这些生于斯长于斯、习惯于穿西装和牛仔裤的当代农民，一方面依然扎根农村，另一方面又具备现代人的眼光和管理能力，一旦他们认识到自身所拥有的乡土文化的价值，的确可以在传承家乡文化方面发挥出巨大的能量。

但是，光有这些还不够。在树立与培养传承人的同时，我们也不应忘记在个体的传承人之后的那个作为传承主体存在的民众群体。在九华立春祭中，他们就是外陈村的六百多名村民和邻近各村的九华乡民众。立春日当晚，迎春完毕，一个名为"九九红"的婺剧团的男女演员们舞着一条鳞光闪闪的"龙"，登上梧桐祖殿的戏台亮相。照例先要"闹花台"，然后"摆八仙"。台下人头攒动，老老少少，有的坐有的站。当台上所有的神仙一一登场，汇聚一堂，由"天官"发令，他们被派往民间送福送财、护佑百姓时，一个村民代表按例给剧团领队送上了一个红包和四条香烟，而"天官"则及时地亮出了"风调雨顺"、"国泰民安"的锦旗，以示降福，并把一个硕大的塑胶"金元宝"交到村民代表的手上，顿时群情欢腾，一片欢喜。当笔者看到这一幕时，对于民俗遗产化后的本真性问题的担忧和疑虑全都烟消云散了。因为笔者相信，只要有这片土地在，有这座祖殿在，有这些农民在，有这种生活的欢乐在，民俗就一定可以以它本土、本色、本真的面目永久地生存和发展下去。

# 主要参考文献

1. [清] 杨廷望修，《衢州府志》，中华书局，2009年。

2. 单心福主编，《建筑大辞典》，地震出版社，1995年。

3. [民国] 郑永禧编，《衢县志》，中华书局，2009年。

4. 汪筱联、叶裕龙编著，《远逝的古邑》，中国文史出版社，2014年。

5. 衢州市建筑业志编纂委员会编，《衢州市建筑业志》，方志出版社，2011年。

6. 王洁红译注，《淮南子》，广州出版社，2006年。

7. 朱金元、熊月之主编，《中国传统文化ABC》，山东友谊出版社，1996年。

8. 衢州历史文化研究会编，《历史文化研究》第七辑，2006年。

9. 冯天瑜主编，《中国文化辞典》，武汉大学出版社，1999年。

10. 衢州市柯城区志编纂委员会编，《柯城区志》，方志出版社，2005年。

11. 沈利华、钱玉莲著,《中国吉祥文化》,内蒙古人民出版社,2005年。

12. 浙江民俗学会编,《浙江风俗简志》,浙江人民出版社,1986年。

13. 衢州市民间文学集成办公室编,《浙江省民间文学集成·衢州市卷》,浙江文艺出版社,1991年。

14. 苏立团编,《通书》,农历各年度继成堂版本。

# 后记

　　农历二十四节气的制定，是劳动人民在生产生活中长期实践的探索成果，是中华民族对人类文明做出的伟大贡献。农历二十四节气反映了人们的生产生活必须顺应自然规律的科学思想，不但在古代农耕社会发挥过巨大作用，在当代信息社会仍不失其重要意义，作为二十四节气之首的"立春"，其重要地位可想而知。

　　2011年5月，国务院颁布了《第三批国家级非物质文化遗产名录》，由浙江省衢州市柯城区申报的"九华立春祭"被纳入其中。这对我们是一个极大的鼓舞。2014年初，柯城区领导将编写《九华立春祭》书稿的任务交给我们，我们感到责任重大。梧桐祖殿所祭祀的是中国始祖神之一——春神句芒，它是中华民族宝贵的历史文化遗产，是我国的文化基因，是中华民族的记忆。用文字和图片的形式将这一国家级非物质文化遗产的内涵告之于世人，从而受到更多人的关注和爱护，使这一中华民族的瑰宝得到更广泛的传播与传承，其意义是非同一般的。为此，在编撰过程中，我们广泛收集资料，力求围绕祭祀春神为家人也为国家祈福、祈寿、祈财、祈年的中心主题，体现祭祀活动本土、本色、本真的面目和民间性、乡土性，凸显人物祈祷的虔诚，祝福的真情。所幸编写组成员都是长期参与九华立春祭的发掘、实践和研究的人员，特别是国家级非物资文化遗产九华立春祭代表性传承人汪筱联，见证了九华立春祭从发现到考证、恢复祭祀、重塑春神等整个过程，积累了丰富的资料，使撰写工作得以顺利完成。

在九华立春祭民俗的田野调查、采访座谈、资料收集、发掘论证、保护传承和文稿编审的过程中，得到了衢州市民间文艺家协会、衢州市诗词楹联学会、衢州市历史文化研究会以及潘玉光、柴福有、林峰、叶裕龙、徐文荣、邹耀华、彭燕、巫少飞、刘天汉、徐胜昌、杨林丰、汪史联等的支持，向他们表示衷心的感谢。在撰写过程中，得到了柯城区教育体育局（文化局）和柯城区民间文艺家协会的大力支持和帮助，还得到了中山大学中国非物质文化遗产研究中心教授、民俗学专业博士生导师，中国民俗学会会员王霄冰的全力配合，在此一并表示诚挚的感谢！因时间紧，书稿中难免存在疏漏以致错误，敬请广大读者给予批评指正。

编著者

2015年11月

责任编辑：金慕颜

装帧设计：薛　蔚

责任校对：王　莉

责任印制：朱圣学


装帧顾问：张　望




**图书在版编目（ＣＩＰ）数据**

　九华立春祭 / 余仁洪, 汪筱联编著. -- 杭州 : 浙
江摄影出版社, 2015.12（2023.1重印）
　（浙江省非物质文化遗产代表作丛书 / 金兴盛主编）
　ISBN 978-7-5514-1179-0

　Ⅰ.①九… Ⅱ.①余… ②汪… Ⅲ.①节日—祭礼—
介绍—衢州市 Ⅳ.①K892.1

　中国版本图书馆CIP数据核字（2015）第277734号

## 九华立春祭

### 余仁洪　　汪筱联　编著

全国百佳图书出版单位
浙江摄影出版社出版发行
　　地址：杭州市体育场路347号
　　邮编：310006
　　网址：www.photo.zjcb.com
制版：浙江新华图文制作有限公司
印刷：廊坊市印艺阁数字科技有限公司
开本：960mm×1270mm　1/32
印张：5
2015年12月第1版　　2023年1月第2次印刷
ISBN 978-7-5514-1179-0
定价：40.00元